古城筑趣

巴斯建筑风貌简评

黄普希　著

中国电力出版社

CHINA ELECTRIC POWER PRESS

内 容 提 要

　　本书以神话故事开篇，按时间为序介绍英国唯一的世界文化遗产城市巴斯的地标性建筑，其间穿插了对巴斯产生过重要影响的人物的一些轶闻趣事，如博纳什·拉尔夫·艾伦、罗兰·希尔、约翰·伍德父子、贝克福德家族、赫本家族、简·奥斯汀、兰斯罗特·布朗、威廉·奥利弗等。本书涉及的建筑类型包括浴场、宗教建筑、公共娱乐建筑、私人庄园、博物馆、点景建筑、守夜岗亭、车站、村舍、公寓、教育建筑等，景观与基础设施包括铁路、水道、河流、自行车道、纪念长椅等。本书谈建筑也谈人，希望从人与建筑的相互影响中点评建筑的特点与韵味，适合建筑与古城保护从业者和建筑文化爱好者等阅读与参考。

图书在版编目（CIP）数据

　　古城筑趣：巴斯建筑风貌简评 / 黄普希著. —北京：中国电力出版社，2024.5

　　ISBN 978-7-5198-8517-5

　　Ⅰ.①古… Ⅱ.①黄… Ⅲ.①古城—介绍—英国

　　Ⅳ.① K956.16

　　中国国家版本馆 CIP 数据核字（2023）第 253761 号

出版发行：中国电力出版社
地　　址：北京市东城区北京站西街 19 号（邮政编码 100005）
网　　址：http://www.cepp.sgcc.com.cn
责任编辑：王　倩（010-63412607）
责任校对：黄　蓓　于　维
书籍设计：锋尚设计
责任印制：杨晓东

印　　刷：三河市万龙印装有限公司
版　　次：2024 年 5 月第一版
印　　次：2024 年 5 月北京第一次印刷
开　　本：889 毫米 ×1194 毫米　1/32 开本
印　　张：4.25
字　　数：95 千字
定　　价：58.00 元

序

　　2017年11月，我在英国卡迪夫大学偶遇黄普希老师，当时他正在那里进行博士后研究工作。机缘巧合的是，2019年我们已经成为北方工业大学建筑与艺术学院的同事。得益于经常的近距离接触，使我有机会先于广大读者读到了黄老师的这部以英国历史文化名城巴斯为写作对象的佳作——《古城筑趣》。

　　我曾三次到访英国，多在各大学之间穿梭，期间曾短暂途经巴斯，得知这是一座保存着古罗马重要遗迹的历史城市。此番阅读了黄老师的书稿，方将此前片段的印象串连了起来，对巴斯城市的厚重感和丰富性有了更深的认识，一种"不到巴斯，不知英伦"的感觉油然而生。

　　黄老师八年的英国生活主要是在巴斯度过的，他作为一名主攻低碳建筑领域的纯理工专业领域学者，通过这部书稿展现出的却是一个历史、文化、情感具足的文化叙事，字里行间，张力满满，不输康桥。

　　这就是一杯英伦下午茶，静谧文雅，久久回味。

张勃

眺望西山晴雪间

2024年1月25日

自 序

  直到我真正意识到我要和这个城市分开一段时间，我才明白还有很多事与情未了。

  这就是我离开我的第二故乡——英国小城巴斯前的心境。我直到离开都没有在巴斯的温泉里泡一下。要知道，这可是被称为巴斯（英语中Bath就是泡澡的意思）的城市啊。

  后来我慢慢想通了，我是真切地把巴斯当作了安放身心的居所，而不是一个驿站。有了这种觉悟就导致我在那里生活时多了一份从容，却少了旅人的紧迫感。就像我生在北京，但好多知名的景点我竟然都没去过，老想着：这些景点就在那里又跑不了。在巴斯的时候亦如是，殊不知，泡澡的地方是跑不了了，而我却要离开了。

  出国前，我曾特地去北京手表厂买了一块北京牌手表，手表上的天安门闪闪发亮，特地去步瀛斋买了一双千层底的布鞋，鞋底的针脚密密麻麻。我这样做是为了在举手投足间都不忘我的故乡——北京。同理，离开巴斯时，我带上了我一开始就在罗马温泉浴场博物馆礼品店里相中的一个桌面小钟。小钟使用巴斯古建筑的建筑材料——巴斯石制造。彼时，当我伏案工作，看着这个小钟滴嗒作响时，我突然萌生了一个想法：我得用文字留下点什么来纪念这个我曾经生活了八年的第二故乡。我在那里度过了我攻读建筑系硕士学位、博士学位的灿烂年华，在那里迎来了女儿的诞生。于是，我从那时开始便着手收集了一些关于巴斯建筑的轶闻资料。

如今岁月流转，人世沧桑。我又回到了北京，当带着对那个第二故乡的乡愁重新整理起这些资料时，便开启了本书的写作。

本书以神话故事开篇，按时间线介绍英国唯一的世界文化遗产城市巴斯的地标性建筑，其间穿插了对巴斯产生过重要影响的人物的一些轶闻趣事，如博纳什、拉尔夫·艾伦、罗兰·希尔、约翰·伍德父子、贝克福德家族、赫本家族、简·奥斯汀、兰斯罗特·布朗、威廉·奥利弗等。本书涉及的建筑类型包括浴场、宗教建筑、公共娱乐建筑、私人庄园、博物馆、点景建筑、守夜岗亭、车站、村舍、公寓、教育建筑等，景观与基础设施包括铁路、水道、河流、自行车道、纪念长椅等。可以看出，巴斯虽小，但历史悠久，建筑与景观类型丰富，文化积淀深厚，是一座极具人文价值的古城。我希望用此书架起一座读者与这个美丽古城的桥梁，既是纪念我在这个城市的岁月，又能把她的魅力分享给读者。

我在巴斯大学学到了安身立命的本事——建筑研究与设计。平时，这些知识除了应用于教学之外，更多是用在了科学研究和科技论文的写作上，但科技论文有一套逻辑严谨的范式。而本书除了应用这些范式进行考据外，还融入了我个人的一些思考与体会，这些东西不免跳脱古怪，不求读者谅解，唯愿如您有共情之处可以会心一笑。

黄普希

2023年10月20日于西山

目 录

序

自序

1

猪倌的传说

—

巴斯的发现者

英国建筑师老约翰·伍德（John wood）在他的著作《描述巴斯城的随笔》[1]中写到了这样一则故事：不列颠国王鲁德胡德·胡迪布拉斯（RudHud Hudibras）的王子布拉德杜德（Bladud）曾在希腊雅典求学。不幸的是，他在那里染上了麻风病。在古代欧洲，得了麻风病无异于被宣布了死刑。鲁德胡德·胡迪布拉斯国王无法容忍将国家交给一个没有未来的君主。他只好忍痛剥夺了布拉德杜德王子的继承权并将其流放。王后不忍心独子就这样离她而去，流放前，交给王子一个戒指作为信物。他日，若王子可以痊愈，便可回宫持此戒重回储位。

王子踏上流放之路后，在一个游人罕至的地方，就是今天的凯恩舍姆（Keynsham）地区，为生计所迫做了一名猪倌。龙游浅水，虎落平阳，雇主分给布拉德杜德王子赶的猪们有皮肤病。有一天，王子计划把猪们赶到雅芳河对岸的山坡上，漫山遍野的橡树掉落的橡子正是把猪们催肥的好饲料。在渡过雅芳河后，王子和他的猪们来到了一处冒着热气的泉水边。泉水并不清澈，更像是沼泽，自然地散发着落叶与腐败的种子混合在一起的味道。还没等王子回过神来，猪们已经在温泉沼泽中愉快地打起了滚。王子废了几天力气才把猪从热烘烘的烂泥里赶出来并清理干净。他发现猪们褪去了老皮，皮肤病都缓解了，个个变得鲜亮可爱。而他自己也惊讶地发现，烂泥被清理后，自己的皮肤在这几天中也发生了明显改善：原来身上的白色磷屑在短短几天内开始脱落。自此之后，王子便不时地回到温泉涌出的地方和猪们一起打滚。不久，他的麻风病就被这温泉治愈了。王子最终把皮肤光鲜亮丽、养得肥肥胖胖的猪们带回了农场，并迅速辞别了他的雇主。

王者归来，布拉德杜德王子最终手持信戒回到了父王母后身边，并在父亲去世后承继大统，成为不列颠之主。公元前863年，布拉德杜德国王为纪念自己的涅槃重生，将王宫及所属府衙迁至温泉涌出的地方，并将这个地方命名为洗浴之地。他将这座城市献给女神雅典娜（或密涅瓦），还在神庙中点燃圣火祭祀，并且令后世子孙薪火相传。

布拉德杜德王子当年赶猪渡河的地方被命名为猪滩（Swineford）。今天，在巴斯城中依然能找到这个传说的影子。罗马浴场畔的布拉德杜德雕像（图1），巴斯修道院旁的小猪塑像（图2），游行花园中的布拉德杜德和猪的雕像（图3），无不静静地承载着这个美好的传说。他们就成了这座城市的发现者。

$\frac{1}{2}$
$\frac{2}{3}$

图1　罗马浴池中的布拉德杜德塑像

图2　巴斯修道院旁的小猪雕像

图3　游行花园（parade garden）
　　　中的布拉德杜德和猪的塑像

后记

笔者刚来到巴斯的时候，看到满大街的小猪塑像顿感非常亲切。因为生肖属猪，似乎冥冥中注定了笔者和这座城市千丝万缕的联系。

参考文献

[1] Wood J. An essay towards a description of the city of Bath. In two parts. ... Illustrated with thirteen octavo plates, engrav'd by Mr. Pine. By John Wood, architect[M]. Gale ECCO: Print Editions; Illustrated edition, Oxford, 2010.

2

澡城巴斯之魂

—

罗马浴场

公元前850年，布拉德杜德的传说揭开了巴斯城的历史。神话时期后，人类进入了原始部落时期，这个时期统治巴斯的是凯尔特人。凯尔特多布尼人（Dobunni）用五座山寨守卫着这个最神圣的地方，这些山寨从周围的山顶俯瞰着温泉[1]。凯尔特人崇拜的苏丽丝（Sulis）女神被尊为通往地底世界的守护者，他们认为巴斯温泉是通往地下世界的主要门户之一，通过这里之后可以接近神和祖先，于是他们在这里供奉起了女神苏丽丝。公元60年，罗马人开始统治巴斯，罗马人在造神方面独具天赋，他们善于挪用当地的神，并将它们与自己的神融合在一起。于是，就出现了苏丽丝·密涅瓦女神。他们认为苏丽丝女神和他们的智慧女神密涅瓦（Minerva）长得一样，就像他们认为罗马的密涅瓦对标希腊的雅典娜一样，而且罗马人也相信女神守卫着地下世界的门户。罗马人到达巴斯后，不但促进了神的融合，也带来了罗马人自己的洗浴文化与先进的建筑文化。

罗马浴场建筑群所有结构的中心就是圣泉（Sacred

spring），这里发掘出了很多罗马时期人们扔下去的祭品，其中包括12000多枚罗马硬币，这是英国已知最大的还愿存款。圣泉是整个罗马浴场的源泉，每天有117万升（24万加仑）温度为46℃的天然热水从这里喷涌而出（非常接近现代家用热水器的温度设定），而且已经持续了数千年[2]。古时，这种自然现象超出了人类的理解范围，人们认为这是古代众神的杰作。圣泉周围墙面上有布拉德杜德的塑像龛位。在罗马时代，圣泉旁曾建造了一座神庙，供奉着具有治疗能力的女神苏丽丝·密涅瓦。这座神庙正面的三角门楣上浮雕着一幅巨大的、环绕着蛇一样头发与胡须的面首（图4）。这个面首的图案也是巴斯维克山顶上的巴斯大学校标上一直沿用的图案。这个图案到底是谁？至今仍众说纷纭。有一派观点认为面首是希腊神话中的戈尔贡（Gorgon）蛇发女妖，就是丝西娜（Stheno）、尤瑞艾莉（Euryale）、美杜莎（Medusa），戈耳贡三姐妹的头像常被艺术家用在象征性的徽章、建筑的装饰物，甚至雅典的钱币上，也曾用于士兵的盾牌上。她们的形象特点是头和脖子上布满鳞甲，头发是一条条蠕动的毒蛇，长有獠牙，还有一双铁手和金翅膀，任何看到她们的人都会立即变成石头。希腊神话中，宙斯之子珀尔修斯在雅典娜和赫耳墨斯的帮助下，用盾牌挡住自己的双眼割下了美杜莎的头。珀尔修斯用割下的美杜莎头颅杀死了海怪塞特斯，回去后把头颅献给了女神雅典娜，雅典娜则把它固定在自己的盾牌和胸甲的中央，而女神雅典娜在巴斯被叫作苏丽丝·密涅瓦[3]。

上述观点入情入理，但是只有一个问题，面首中间的形象怎么看都是男性。这与戈尔贡三姐妹的性别不符。我的一位校友认为面首是台风（Typhon），就是用来描述灾难级热带

图4　神庙三角门楣的浮雕

气旋的那个词。台风是希腊神话中大地之母盖亚与深渊之神塔尔塔罗斯联手释放的地底深渊恶魔，用来对抗宙斯和奥林匹斯神族对泰坦的清洗。校友的理由是：仔细观察这个面首耳旁的图案不是毛发而是翅膀，这与台风的形象吻合，而且台风这个妖怪在神话中是地热活动的罪魁祸首[4]。

　　还有一派认为面首是十二泰坦中的老大哥——欧申纳斯（Oceanus），英语中海洋（Ocean）就来自欧申纳斯。希腊神话中，欧申纳斯是司掌世间所有水的神灵，他与妹妹泰西斯（Tethys）结合生下了世间几乎所有江、河、湖、海、泉。欧申纳斯从形象和功能上都与此神庙相配[5]。

　　这三派各有道理，但都有个共性，他们都脱胎于希腊神话，也许罗马设计师就是参考了以上希腊神话的特点抽离出了这一希腊形象的神，毕竟古代希腊人物长得实在是太像了，又有谁能瞬间分辨出苏格拉底、柏拉图、亚里士多德？

　　圣泉的水通过水沟直接输送到中央大浴场，长方形的大浴池周围是宽阔的人行步道，16根立柱支撑着俯瞰大浴场的露台。露台上矗立着罗马皇帝和英国统治者的雕像。这个大浴池曾经被置于一个高达20米的巨大的桶状拱形大厅中，中央的大浴场是一个巨大的游泳池，由45片铅板衬底。大浴场里面装满了温泉水。中央大浴场有1.6米深，非常适合泡澡，四面都有四级台阶。热水流入浴缸的地方有一块大而平的石板，在现今被称为潜水石（图5）。

中央大浴场的东侧与西侧划分出了两个区域，这样可以方便分流男宾、女宾。西侧有三个水池，靠近圣泉与中央浴场的是一间冷水浴室（Frigidarium），冷水浴室的浴池为圆形，是西侧三个水池中最大的，浴池上方在罗马时代是有穹顶的，浴池内是冰冷的海水。这里的冷水除了供洗浴者使用外，对调节室温、水温都有重要意义。

热水室（Calidarium）是西侧三个主要房间中离中央大浴场最远的一个，是提供热水洗浴的场所。热水室中有一座单独的热水池，热水池是架空的，水池地下的空间用木材点燃加热与热水池周围地板下面的空腔相连，用于保留加热完热水池的热烟气，这样的设计为浴室提供了地暖（图6）。

图5　罗马浴场潜水石

因此，当时的罗马人出浴后要脚踩厚底拖鞋，以防止被地板烫伤。由于墙体也使用了多孔的空心砖，烟气可以进一步传导到墙壁，使浴室房间的热舒适度进一步优化。

温水室（Tepidarium）坐落于热水室和冷水室之间。这个房间的水是温的，并不热，温度是通过间接加热实现的。

更衣室（Apodyterium）穿插在几个浴室周围，更衣室墙上有壁龛和储物柜，便于人存放或替换衣服。罗马贵族通常会有一名或多名奴隶陪同，这些奴隶会处理主人脱下的衣服，进行洗熨处理，并存放好主人的私人物品。

中央大浴场的西部有一个巨大的温水浴池，浴池由大浴场流出的管道供水。这里开发了一系列供暖室，这些供暖室逐步扩建，直到公元4世纪达到最大规模。

中央大浴场的东西两侧还设置了没有浴池的干蒸房间（Laconica），干蒸房间是一个封闭且又热又干燥的房间。这个房间的用途类似于现代桑拿浴室。

罗马浴场还设有锻炼区（Palaestrae），类似现代健身房。来宾可以进行日常锻炼，参加摔跤、举重、跑步、球赛、游泳等活动。当人锻炼完后，可进入通往各个不同温度房间的廊道，选择合适的浴室（图7）。

罗马浴场还是第一个使用冲水马桶的地方。大理石座椅放置在不断流动的水道上充当坐便的角色，这样任何废物都可以随水流冲到污水坑中。厕所的座位上有海绵粘在棍子上，罗马人也许用这个代替厕纸[6]。

罗马浴场的供暖系统与排水系统在今天看来仍然是十分先进而且低碳节能，此建筑群将温泉释放的多余的水输送到原来的罗马排水沟，然后再输送到四百米外的雅芳河，完全是因地制宜的被动式设计，无需额外耗能。罗马时期的管

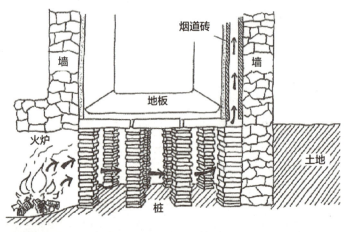

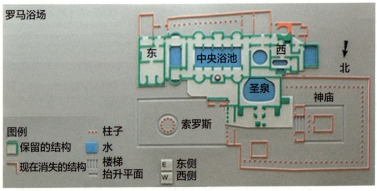

$\dfrac{6}{7}$

图6 地暖的实现结构剖面图

图7 罗马浴场的平面图

道和排水系统今天仍然在运转，彰显了罗马工程师的高超水平，只不过排水管的用材是铅，不够环保。

罗马浴场在罗马人撤出英国后被废弃过很久，但该建筑群是从19世纪70年代开始挖掘的。它低于现代街道的水平面，今天的罗马浴场以博物馆的形式向大众开放，中央浴池也没有恢复到有拱形顶棚覆盖的形制，而是露天呈现。游客从街上就可以看到中央大浴场。在20世纪的大部分时间里，人们偶尔会在中央大浴场游泳，但1978年后，这里的游泳服务就不对公众开放了，因为中央浴场的水质并没有人们想象的那么好，当时一名游泳者死于水中感染的变形虫传播的疾病。罗马浴场的存在是1987年巴斯市入选世界文化遗产的基石。

后记

罗马浴场是巴斯为何称为巴斯的原因。因为英语中Bath就是泡澡的意思。罗马浴场是游客来巴斯必去的景点，而巴斯大学的学生持学生证可以免费进入。现在想想这个规定非常智慧，当年我们这些学生很多都免费为来这里的亲朋好友担任起了导游的角色。

参考文献

[1] The Dobunni Tribe [EB/OL], [2023-09-25]. https://romanobritain.org/4-celt/clb_tribe_dobunni.php.

[2] Walkthrough [EB/OL], [2023-10-12]. https://www.romanbaths.co.uk/walkth-rough

[3] Marcussen, W. (2019, August 23). The Roman Baths in Bath- A Deep Dive into Britain's Ancient History. [EB/OL], [2023-11-10]. https://www.worldhistory.org/art-icle/1427/the-roman-baths-in-bath-a-deep-dive-into-britains/

[4] It's not a Gorgon's head; it's Typhon! [EB/OL], [2023-10-12]. https://www.cs.bath.ac.uk/~jjb/web/typhon.html

[5] Is the Gorgon head at the Roman Baths at Bath actually Oceanus? [EB/OL], [2023-10-13]. https://www.digitaldigging.net/roman-bath-gorgon-oceanus/

[6] Henig, M. A Handbook of Roman Art[M]. London: Phaidon, 2010.

3

毕业与加冕

—

巴斯修道院

英语中Abbey是修道院的意思，是基督教宗教建筑中经常出现的一类建筑。Abbey一词来自拉丁语abbatia，意思是"一群僧侣或修士"。修道院是基督教早期禁欲修行的产物，基督教信徒通常会在苦修士或后来成为圣人的居住地附近定居，近水楼台得以学习模仿他们的言行举止。久而久之就形成了一个宗教神学社区，修道院也就这样扩展成了建筑群[1]。在英国，很多大修道院的规模是与主教座堂（Cathedral）相近的。

教堂类建筑当中祈祷室也称为小教堂（Chapel）是最小的，Chapel这个词源自保佑法国的圣者——圣马丁。传说圣马丁还是罗马骑兵马丁的时候，遇到了一个衣不蔽体、冻得瑟瑟发抖的乞丐，他心生怜悯，就把自己厚重的羊毛骑兵斗篷剪成上下两半，下半部分赠给了乞丐。谁想乞丐其实是耶稣基督变化而来度化善良的马丁的。马丁随后梦到了耶稣穿着他给的半条斗篷，并对周围的天使们说："你们看我身上的这个斗篷，这是马丁还没成为基督徒前给我的!"战士马丁惊醒后，思索良久，若有所悟，便放下屠刀，立地皈依了基督教。他曾建立了两座修道院，据说成圣后他剩下的这件斗篷留给了法兰克的国王，法兰克人在战斗时会携带这件圣物放在行军的帐篷里。那帐篷在古法语中发音为"卡佩拉"，翻译成英文就是Chapel。看来吾心安处是吾家，有信仰，有圣物，拉个天幕也能成祈祷室[2]。

比祈祷室规模再大些的就是教堂（Church）了，教堂中往往会包含一些私密的用于祈祷的房间，这些房间也会被翻译成祈祷室。修道院里往往会包含一个教堂。规模再大的就是主教座堂（Cathedral）和宗座圣殿（Basilica）了。顾名思义，主教座堂必须有主教级神职人员坐镇的教堂。比如巴斯附近的英格兰最小城市威尔斯（Wells），这里就有一座主教座堂。据传，英格兰人口最多的镇——雷丁，因为没有主教座堂，至今仍然为镇而不是市。而宗座圣殿则是有特殊宗教地位的教堂，这里要么有教宗，要么有基督教圣物，要么有神迹[3]。

巴斯修道院最早的可追溯历史为公元675年，即撒克逊人统治时期，一位叫奥斯里克（Osric）的国王曾把巴斯附近的土地赐予了贝尔塔那女院长（Abbess Bertana）。公元973年，埃德加在坎特伯雷大主教邓斯坦和约克大主教奥斯瓦尔德的主持下，在这个修道院加冕为全英格兰国王。公元980年，阿尔菲格（Alphege）担任此修道院院长，他以自律、严格遵守修道院生活规则而著称。1005年，他成为温彻斯特主教，后升任坎特伯雷大主教。当坎特伯雷被丹麦人入侵时，他们监禁了阿尔菲格，并索要3000英镑赎金。阿尔菲格拒绝付钱，也不让他的朋友为他付钱。丹麦人愤怒之下用牛骨把他打死了。阿尔菲格因其刚烈的性格和为人民牺牲自己的品质被尊为圣人。1088年威尔斯（Wells）的主教约翰，被国王册封在巴斯，他决定把主教的办公地点移到巴斯，因为威尔斯确实太小了。1090年，他下令开始建造一座新的主教座堂，取代原修道院。公元1244年，巴斯和威尔斯都被授予主教座堂的地位。它们是该地区最重要的两座教堂。在这之后，巴斯的主教座堂逐渐破败，之后的主教多返回威尔斯座堂居住，留在巴斯的修士们也没有足够的钱来维护它。1499年，奥利弗·金（Oliver King）主教命令修士们重建巴斯的修道院。他们在旧大教堂的原址上建了一座新教堂。今天巴斯修道院的雏形就是从那时开始建立的，在巴斯修道院的西立面是正门入口（图8）。西立面最有趣的图案便是墙上的天梯浮雕了。传说奥利弗有一天梦到他看到了天使从天梯上降临，同时听到一个声音说："Let an Olive establish a crown and let a King restore the Church.（让奥利弗辅佐王，让金重建修道院）"他自己的名字就是Oliver King，他觉得这是上帝在指引他重修修道院[4]。

但是，后来亨利八世来了。

亨利八世最名垂青史的行动，是冲冠一怒为红颜的宗教改革。他利用自己在英国至高无上的王权，在克伦威尔等改革派人士策动下，通过一系列议会法案实行宗教改革。从1529～1536年，亨利八世先后向教会勒索了大量罚金，截留了原本送交罗马教皇的年贡，随后又夺取了教会的人事任免权、立法权、司法权，并最终取代罗马教皇成为英国教会最高首领。他解散了所有修道院，当然也包括巴斯修道院。从此，英国彻底脱离了罗马天主教会体系，建立了由国家政权控制的，以国王为最高统治者的英国国教会[5]。从此以后，巴斯修道院也被剥夺了联合主教座堂的地位。修道院大楼里

图8 巴斯修道院的正门——西立面

所有的铜、铅、铁和玻璃等值钱的物品统统都被拆走，修道院就这样又破败了。1543—1574年间，修道院在私人与公司之间倒卖，这些个体均未能凑够足量的资金完成修复。直到1574年，女王伊丽莎白一世颁布法令，设立一项国家基金专门用于巴斯修道院的修复。1608—1616年，巴斯和韦尔斯联合主教詹姆斯·蒙特古（James Montague）集资建造了木制的教堂中殿屋顶。1833年，巴斯市聘请当地建筑师乔治·菲利普斯·曼纳斯（George Phillips Manners）修复修道院。他对这座建筑做了几处重大改动，为教堂增加了哥特式建筑特有的飞扶壁和尖塔（图9~图11），在建筑内部添置了新的管风琴、走廊和更多的座位。公元1863年，乔治·吉尔伯特·斯科特（George Gilbert Scott）开始对修道院进行大规模修复，管风琴被移到北侧耳房，座椅排满了整个大厅，中殿上方的木制天花板也被石制扇形拱顶所取代（图12）[6]。

目前呈现在巴斯修道院的石质拱顶不仅结构精巧，纹理精美，扇形拱顶的间隙部分还被彩绘的盾形纹章所填充。以唱诗班室上方的拱顶为例，拱顶间的彩绘纹章分别为英王詹姆斯一世（James Ⅰ）、巴斯与威尔斯主教阿德里安·德·卡斯特罗（Bishop Adrian de Castello）、巴斯隐修会（Bath Priory）（图13、图14）。巴斯隐修会和巴斯修道院的纹章很像，都是圣保罗的殉道宝剑插在了圣彼得的开天地的钥匙之间。

9
10
11

图9　巴斯修道院南立面
图10　巴斯修道院北立面
图11　巴斯修道院东立面

12 │ 13
  │ 14

图12　巴斯修道院内部

图13　巴斯修道院的石制扇形拱顶

图14　巴斯修道院的拱顶盾徽[7]

后记

巴斯修道院无疑也是巴斯的地标性建筑之一。几乎巴斯所有教育机构的毕业典礼都曾在巴斯修道院举行。2017年夏，巴斯大学50周年校庆之际，笔者如愿取得博士学位，也是在巴斯修道院中接过了巴斯大学校长——爱德华王子手中的毕业证书。

参考文献

[1] Simon, Marcel and James H. Farley (trans.). Jewish Sects at the Time of Jesus[M]. Philadelphia: Fortress Press, 1980.

[2] Severus S. The Life of St Martin of Tours[M]. Sydney: St Shenouda Press, 2013.

[3] Weidenkopf S. Timeless: A History of the Catholic Church [M]. Huntington: Our Sunday Visitor, 2019.

[4] People and stories [EB/OL], [2023-11-14]. https://www.bath-abbey.org/visiting/history/people-and-stories/

[5] Henry VIII [EB/OL], [2023-11-15].https://www.history.com/topics/european-history/henry-viii

[6] Bath Abbey [EB/OL], [2023-11-15]. https://www.historyhit.com/lo-cations/bath-abbey/

[7] Buchanan BJ. Bath history volume ix[M]. Bath: Millistream Books, 2002. https://historyofbath.org/images/BathHistory

4

礼仪的规范

—

巴斯集会厅

　　巴斯集会厅（Assembly rooms）是由建筑师小约翰·伍德设计的一座典型的乔治亚风格大型公共建筑。这种礼堂式的建筑集合了舞厅、会所、茶室、饭店等饮食娱乐方式，是当时名流云集的娱乐场所。

　　虽然巴斯集会厅内部非常宏伟，但外部却比较低调朴素。雅典柱式、三角形门楣与意式帕拉迪奥对称风格都清晰明显地体现了出来。主入口在四根多立克柱子支撑的门廊下（图15）。室内有很多房间和隔间，设有连接的门和走廊，所以很容易将宾客导引到相邻的房间中。巴斯集会厅的北侧是大舞厅。大舞厅房顶为拱形，上吊五簇华丽的灯组。大舞厅的北侧有一个巨大的火炉，来宾在跳第二支舞的时候，火炉就会被熄灭。因为舞动散发的热量、人们的热情已经使大舞厅的温度上升到了可观的程度。乐队伴奏的乐池设在了大舞厅二层的一个平台上，由一层走廊处单独的楼梯相通。大舞厅的对面是茶室，茶室是举办沙龙、品尝茶点与小型室内音乐会的重要空间，茶室与厨房相通。从入口穿过走廊就会

图15　巴斯集会厅正门

见到庄重的八角厅。八角厅这个空间最开始是棋牌室，后来由于纸牌的风靡，八角厅的后侧房间专门开辟成了纸牌屋（图16～图18）。乔治亚时期，人们非常喜欢赌博，并且男女都可以参与。医生甚至拿赌博作为分散注意力的治疗方法。

赌博式的投资甚至被用在巴斯集会厅的建造上。当时在巴斯已经有了一个集会厅。但是，18世纪的巴斯已经不满足于原来的娱乐标准。当地社会各界都认为有必要建一所更好、更时尚的集会厅，而筹建新的集会厅需要大量资金。当时使用的筹款方式也很时髦——唐提式集资（Totine Subscription）[1]。

唐提式集资首见于意大利，17世纪末才开始在英国出现，是一种兼具赌博与保险性质的集资方式。投保人定期将一定量的资金注入资金池后，不拿年息也不拿分红，投保人

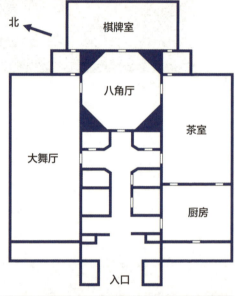

北 ←

棋牌室

八角厅

茶室

大舞厅

厨房

入口

死亡后受益人只领取规定数额的补偿金，投保人若破产，无力缴纳年金则视为自动退出。所以无论退出、破产还是死亡，已投的资金就归资金池里还活着的投保人共有了[2、3]。一方面，投保者盼着其他投保者赶紧玩儿完，一方面自己想方设法好好活着。高风险产生的高收益，让唐提式集资吸引了大量投资者，为新集会厅的建造募集了绝大多数资金。这种具有明显的赌博性和危险性集资方法非常符合乔治亚时期的巴斯无冕之王——博纳什（Beau Nash）的气质。

博纳什是巴斯城市气质的塑造者。由巴斯编年史可知，从诺曼入侵到18世纪前，巴斯除了温泉，其他历史乏善可陈，小城也因为吸引力有限逐渐破败。而博纳什的到来，令巴斯焕发出了勃勃生机。

原来，牛津大学的法律知识、律师和军官的身份在到达巴斯后并没有为博纳什带来成功。谁承想，潦倒的他在赌博中赚得了人生第一桶金。发家后，博纳什开始举办舞会、集会和其他娱乐活动，他组织了市政乐队，清理和修复了道路，以话事人的姿态对以前无礼和不守规矩的抬轿人进行了礼貌处理，平息了巴斯城市中的各种分歧，还对所有游客输出他强调的礼貌和礼仪[4]。他说服了议会改进每周舞会的组织，并亲自担任舞会的典礼司仪，他亲自制定了舞会的规则。

这些规则包括：

规则1：有时尚品位的女士会欢迎首次礼节性拜访的来宾，无论他/她是到场还是离场。

规则2：前来参加舞会的女士们要与等候她们回家的男仆约定好时间，以防止对自己和他人造成干扰和不便。

规则3：翩翩君子要表现出教养和对人的尊重，绝不在清晨出现在穿着长袍、戴着帽子的女士前方。

规则4：除了天性挑剔的人，绝不要在别人的早餐会或娱乐活动中不请自来。

规则5：除非他谁也不认识，不然先生们只能把舞会入场券交给他认识的女士。

规则6：先生们为了自己的未来声誉着想，在舞会上绝不要不礼貌地挤在女士们前面。

规则7：除了根本不想跳舞的人，女士们先生们不要因为前面已经有人跳舞就感到不耐烦。

规则8：无论是否过号，年长的女士和孩子们应该安于被安排在下一个替补位置。

规则9：年轻的女士们应留意会场上有多少人注视着你们，但不要认为所有人都盯着你。

规则10：私传谎言与丑闻的人将被视为谎言制造者。

规则11：以讹传讹者不被任何机构所容，除非这个机构就这样。

这些规则后来又经过了一系列的升级和补充。有记载称，即便是公爵夫人来巴斯参加舞会没有遵守博纳什的规则，也会被博纳什提醒并向博纳什道歉[5]。

渐渐的，博纳什成为一个受人尊敬的人，一个有话语权的人，一个礼仪标准的制定者。他还是一个时尚的引领者，博纳什原名是理查德·纳什，但他对自己的衣着进行了华丽的改革，比如他用黑色假发套代替了白色假发套，敞开大衣时露出里面花哨马甲和考究褶皱的白色衬衫。人们争相效仿他的穿衣风格，并给他起了一个博（Beau，就是Beautiful的

图19　博纳什在棋牌室的绘画[6]

Beau）的雅号（图19）。记载博纳什生平的作品中曾提到，博纳什的情妇在和他分手后悲痛欲绝，一直住在空心树洞里一直到死前几个月才搬出去[7]。在博纳什的集会厅与舞会上，上流社会的婚姻交流蓬勃发展，父母满怀期待地把儿女们带到那里，有人想钓金龟婿，有人想娶美娇娘，有人觊觎贵族的头衔，有人需要资金维持家族传承。傲慢与偏见、理智与情感、理想与现实成了那个时代许多小说的主题。简·奥斯汀在巴斯居住的日子，就把每周举办的舞会中的所见所闻搬上了《诺桑觉寺》和《劝导》[8]。

在博纳什的努力经营下，良好的社会治安、干净整洁的基础设施、融洽和谐的主客关系、精心组织的娱乐活动使巴斯变得越来越时尚，越来越受欢迎，俨然成了英格兰西南的时尚之都。皇室、贵族、乡绅、退休军官和牧师，以及他们的妻子和女儿经常光顾，他们都准备在有组织的社交中自由聚会，尽情享受。巴斯不但成了社会名流聚集的城市，它的人口从1700年的3000人增加到一个世纪后的35000人。房地产开发商拉尔夫·艾伦（Ralph Allen）和建筑师约翰·伍德（John Wood）父子在那个时期规划修建了大量的街道、建筑与城市基础设施，以容纳大量涌入的人口，今天我们看到的巴斯城市风貌大多都是在那个时期成型的，而巴斯集会厅也成为小约翰·伍德的代表作之一。

后记

笔者与笔者的妻子以及很多同窗都在巴斯集会厅被授予了巴斯大学的硕士学位，所以这所建筑对于笔者来说意义非凡。当乐队在乐池奏乐，我们从校长爱德华王子的手中接过学位证书的时候，我们只是见证了这所建筑又承担的一项重要的角色——毕业典礼。

参考文献

[1] Assemblies in Georgian Bath [EB/OL], [2023-11-16]. https://www.perfect-littleparcel.com/post/assemblies-in-georgian-bath

[2] Tontine; History and Possible Resurgence of Controversial Insurance [EB/OL], [2023-11-16]. https://www.investopedia.com/terms/t/tontine.asp

[3] McKeever K, A Short History of Tontines[J]. Fordham J. Corp. & Fin. 491 (2009).

[4] Goldsmith O. The Life Of Beau Nash [M]. London: Exclassics, 2010.

[5] Assembly Room Rules for Social Dancing [EB/OL], [2023-11-18]. https://www.-regencydances.org/paper025.php

[6] Wright C,O. Beau Nash at the Gaming Table. (1874—1964) [EB/OL], [2023-11-12]. https://artuk.org/discover/artworks/beau-nash-at-the-gaming-table-77365

[7] John Eglin, The Imaginary Autocrat: Beau Nash and the invention of Bath[M],London, Profile books. 2005

[8] Richard "Beau" Nash: The Original Beau [EB/OL], [2023-11-08]. https://jane-austen.co.uk/blogs/authors-artists-vagrants/richard-beau-nash-the-original-beau

5

最有意义的邮票

—

巴斯邮政博物馆

1979年，奥黛丽·斯文德尔斯（Audrey Swindells）女士和她热爱邮政历史的丈夫在巴斯市中心北门街（Northgate street）共同创立了巴斯邮政博物馆。这个博物馆收藏着许多珍贵的文物，包括很多不同英国国王在位时期的邮筒。博物馆虽然小还是个地下室，但是具有独立的出入口，向公众开放显然十分方便（图20、图21）。不幸的是，2023年6月，它的创始人去世，导致这个已经开放了44年的博物馆不得不关门。

博物馆的了不起之处就在于，它记录着巴斯这个城市在世界邮政历史上的重要时刻：世界历史上第一枚邮票——黑便士（Penny Black）于1840年5月2日从巴斯寄往伦敦。这枚邮票面值1便士，因其为黑色，所以被称为黑便士。黑便士是由罗兰·希尔爵士（Rowland Hill）根据怀恩纪念章（Wyon Medal）中维多利亚女王十五岁的侧影形象创作的（图22）[1]。

图20　巴斯邮政博物馆入口

图21　不同英国国王在位时期的墙体内嵌式邮桶

图22　世界第一枚邮票——黑便士的创作[1]

罗兰·希尔爵士是一位社会变革的领航者，也是一个发明家、画家、散文家、教育家与建筑师。这位博学多才的精神贵族还有一个彪炳历史的称号——现代邮政之父。在罗兰·希尔爵士建立起以邮票为基础的现代邮政系统之前，英国邮政通信收费原则是这样的：不向寄信人收费，而向收信人收费；距离越远、信纸越多收费越昂贵；官员、贵族免收邮资。这样运作的弊端是：普通民众根本无法承受昂贵的邮资，宁可托私人捎信也不使用邮政系统；收信人如果拒收信件，邮差的所有努力与成本都化为乌有。罗兰·希尔爵士就是在目睹了一次钻空子的收信人与邮差的冲突中，开始了对邮政系统改革的思考：这位收信人和她的寄信人曾使用了一套两个人都能破解的密码，只要看到信封就能知道对方传达了什么信息。这样不必拆信，直接拒收，一分不给，还能获取远方的信息。为了从源头避免这类不体面人的行为对邮政系统产生的亏损，罗兰·希尔爵士建立了寄件人预付邮资，购买邮票，从而获得相应价值邮政服务的现代邮政系统。他的著作《邮局改革及其重要性和实用性》先是获得了广大民众的支持，英国政府随后通过议会决议采纳了罗兰·希尔爵士的策略，从流程化管理的角度，挽回了巨大的亏损，取消了官员、贵族的邮政特权，降低了原有的昂贵邮资收费，修改成了以信件重量为根据的收费标准[2]。罗兰·希尔爵士的邮政改革获得了巨大的成功。不但拯救了英国漏洞百出的邮政系统，还为世界其他国家的邮政体系树立了标杆，最主要的是，黑便士开启了邮票的先河，也开启了集邮这个雅好的先河。

　　罗兰·希尔爵士在发明邮票之前，就对巴斯邮政系统进行过大刀阔斧的改革，而获得了巨大成功的人就是拉尔夫·艾伦（Ralph Allen）。这个出生于康沃尔郡的小伙子，14岁就开始经营其外祖母在哥伦布大街的邮局，不到20岁就已经是巴斯邮政局局长了，可谓年少有为。艾伦的重大贡献在于他改革了巴斯的邮政系统。当时的巴斯属于大布里斯托地区。这就导致，巴斯的所有邮件都要先送到布里斯托分拣。这样对于布里斯托以西的城市，比如卡迪夫、纽波特、滨海维斯顿没什么问题，但对于伦敦这样在巴斯东部的城市，就十分不便了。因为，布里斯托在巴斯以西20公里，这样就会徒增往返40公里的无效路程。艾伦意识到了这个问题，于是在巴斯建立了直通伦敦的邮政通路，将投递效率提高了半天之多[3]。这样不但激活了巴斯及其附近地区的邮政市场，还为之后巴斯在世界邮政史上的开山地位奠定了坚实的基础。他也因此为巴斯邮局省下了150万英镑。

赚到了邮政系统的巨大红利后，艾伦先收购了康伯当（Combe Down）的采石场。这个采石场出产一种密度较高、透水性高，带有散碎贝壳的淡黄色石灰岩——巴斯石。巴斯石形成于侏罗纪时期。那时巴斯还是浅海地区，在海床底部滚动的微小碳酸钙颗粒开始吸收石灰层，渐渐变得越来越大，并压实在一起。在接下来的1.5亿年里，不断增加的沉积层的压力导致这些颗粒不断结合形成了巴斯石。巴斯石具有很好的各向同性，它可以在不影响强度的情况下向任何方向切割。无论是宏伟的大型建筑还是精细的装饰雕刻，巴斯石都能胜任。无论远观还是近看，这种建筑材料都有独特的美感[4]。

收购采石场后，艾伦在巴斯市内大搞房地产开发。他请来建筑师约翰·伍德父子设计了大量地标性建筑。这些建筑恰恰就是使用巴斯石的石工建筑。又做开发商又做建筑材料供应商，艾伦的经商头脑可谓深谋远虑。不仅如此，后来艾伦还逐步成为巴斯市的议员，并于1742年成功成为巴斯市长[3]。

巴斯邮政博物馆创始人奥黛丽女士，本来曾经想把博物馆设在大普尔特尼大道（Great Pulteney street）的一座建筑内。这所建筑是约翰·帕尔默（John Palmer）的故居[5]。这位帕尔默先生是英国皇家邮车线路的创始人。帕尔默出生于巴斯，是一位富有商人的独生子，巴斯和布里斯托两个皇家剧院的老板。作为剧院老板，他需要在演出繁忙时组织演员和布景设备在两个城市之间频繁往来。于是，他先建立了两个城市剧院间通勤的班车。这样的班车又拉人又拉货，可以说就是邮政车辆的雏形。帕尔默先生说服了同样住在巴斯的英国财政部长威廉·皮特（William Pitt）和巴斯的邮政局长，在1784年8月2日进行了邮政历史上一次伟大的邮车线路试运行，从布里斯托到巴斯再到伦敦，一路非常顺利，并在驿站多次换马。1785年时，帕尔默先生已经建立了11条邮车线路。邮政车辆工作以稳健和准时著称。司机和卫兵着黑色和栗色皇家制服，获得了民众的广泛好评[6]。

1840年，时任巴斯邮政局长的托马斯·穆尔·马斯格雷夫（Thomas Moore Musgrave）收到了六张"黑便士"邮票，他把最上面的一张印有"AA"标记的黑便士邮票的信放在了一个折叠稳妥、写好了伦敦地址的信封上，亲自盖下邮戳，并在5月2日送上了邮政车。在那一刻，他无疑创造了历史，亲手开启了一个邮政新时代。而据巴斯邮政博物馆的创始人奥黛丽女士透露，黑便士的官方正式生效日期是5月6日，而不是5月2日，除了邮政局长，还有谁敢这么做！马斯格雷夫在1833～1854年当了21年的巴斯邮政局局长，最后在他挚爱的邮政工作岗位上离开了人世[7]。

图23 拉尔夫·艾伦、约翰·帕尔默、汤姆斯·摩尔·马斯葛雷夫[3,6,7]

拉尔夫·艾伦、约翰·帕尔默、汤姆斯·摩尔·马斯葛雷夫就像是邮政史上里程碑式的驿站。在巴斯邮政博物馆里，有个带有相框的屏幕，按下电钮，他们三位的照片和生平简介就会从扬声器中传出（图23）。正是他们一代代不断进取、兢兢业业地将邮政改革的火种快马驿传到了罗兰·希尔爵士的手中，黑便士才应运而生，并一举奠定了巴斯在世界邮政历史上无法撼动的地位。

后记

笔者在巴斯大学研究建筑材料时，曾获得过麦克·劳伦斯博士的无私帮助。和艾伦一样，麦克也是巴斯附近采石场的场主，为巴斯大学建筑系赞助了大量的资金和试验场地。像邮票的发明一样，突破性研究的出现需要前期研究者们不断肥沃使它生根发芽的土壤。

参考文献

[1] Rowland Hill's postal reforms [EB/OL], [2023-10-14]. https://www.postalmuseum.org/collections/rowland-hill-postal-reforms/

[2] HILL, SIR ROWLAND, K.C.B. (1795-1879) [EB/OL], [2023-11-13]. https://w-ww.english-heritage.org.uk/visit/blue-plaques/rowland-hill/

[3] Ralph Allen [EB/OL], [2023-11-13]. https://bathpostalmuseum.org.uk/ralph-allen/

[4] Dawson G. J. and Wright P. A Survey Of The Use Of Traditional Building Stones In West And South Somerset. [R], South West Heritage Trust. 2018.

[5] In Conversation With Audrey Swindells Mbe - Co-Founder Of Bath Postal Museum [EB/OL], [2023-11-15]. https://thelondonletters.com/blogs/news/in-conversation-with-audrey-swindells-mbe-co-founder-of-bath-postal-museum

[6] John Palmer and the Mail Coach [EB/OL], [2023-11-15]. https://www.postalmuseum.org/blog/john-palmer-and-the-mail-coach/

[7] Thomas Moore Musgrave [EB/OL], [2023-11-17]. https://www.bathpostalmuseum.org/thomas-moore-musgrave/

6

甲方任性的后果

———

隐修园

Prior Park被翻译成普莱尔庄园虽然无可厚非，但是，Prior除了优先的意思还有隐修者的意思，因此，普莱尔庄园也可以翻译成隐修园。隐修园在巴斯的地理位置绝对首屈一指。整个庄园面积11.3公顷，依山傍水，占尽地利，主建筑立于山巅可以俯瞰全市。这所庄园也是老约翰·伍德设计的，园子的主人就是拉尔夫·艾伦（Ralph Allen）。作为甲方，艾伦当时任性的要求是："要能看到整个巴斯，也要让整个巴斯看到！"这个要求一点隐修的藏匿感也没有。

艾伦这么霸气源自他对英国的邮政系统的巨大贡献，他创立了责任签名制度，打破了邮件必须经由大城市分拣的传统，保证了邮路的畅通。艾伦也因此有资本收购了出产巴斯石的采石场。事实证明艾伦的收购非常成功，足以令他财雄一方。收购采石场后，他希望用那里出产的巴斯石来建造很多宏伟的建筑。

艾伦和建筑师老约翰·伍德（John Wood）一拍即合，很快形成了合作关系。据说财大气粗的艾伦是这样跟老伍德

图24　乔治三世时期使用的几尼金币

表达设计需求的："老伍，我要你给我建一个乡间别墅。具体来说，要有一个带看台的、可供一个家族使用的私人教堂，一个宏伟的门廊、巨型的门厅，还要有裙房、厢房、办公室、马厩……"傻在那里的老伍德问道："您考虑预算了么？"艾伦："当然，原来攒的钱就是为了往这里投的。"

"您说的这个不能算乡间别墅了，是宫殿。您可能不了解这得花多少钱……"

"您可能对我有多少钱不了解，里边请……"

艾伦带着老伍德进了他的小金库。艾伦先打开了一个柜子，里边有一整柜几尼金币（Guinea）（图24）。老伍摇摇头："不够……"

艾伦又打开了两个柜子，老伍犹豫了。

又开了两个柜子，老伍开始动摇了。

先后打开了八个柜子。最终老伍德惊讶不已："我这就开工……"

艾伦和伍德合作了5年后，他们因为马厩顶棚的设计方案吵了起来，不欢而散。老伍德希望既保留建筑效果的统一，又要体现出其独特性。艾伦不接受，最终将东翼房间、帕拉迪奥桥和园子的景观设计转交另一位建筑师理查德·琼斯（Richard Jones）负责（图25、图26）[1]。

老伍德设计的部分被尼古拉斯·斐文斯讷（Nikolaus Pevsner）认为是英国土地上帕拉迪奥别墅的最有抱负的、最完整的重现[2]。而琼斯虽然顺利完成了任务，给了我们一个静谧优雅的园子，但是，园中的帕拉迪奥桥却是借鉴了的九代彭布罗克伯爵的设计[3]。

后记

专业的事情交给专业的人去做，一以贯之往往是最好的结果。出资的甲方虽然有决定权，但是建筑，尤其地标性建筑是作为纪念碑一样的存在，是流传后世的，流芳百世与遗臭万年也许就在一念之间。

参考文献

[1] Kilvert R F. Ralph Allen and Prior Park[M]. Los Angeles: HardPress, 2018.

[2] Pevsner N. South and West Somerset (The Buildings of England)[M]. New York: Penguin press, 1958.

[3] Getka-kenig, M. The palladian bridge revisited: the imperial ideology of classicism and the architectural replication of a garden pavilion[J]. garden history, 2016，44（1）：90-104.

[4] Prior Park College - İngiltere'de Lise Eğitimi [EB/OL], [2023-11-15]. https://www.global-yurtdisiegitim.com/ingiltere-lise/bath/prior-park-college

$\dfrac{25}{26}$

图25　隐修园内的帕拉迪奥桥

图26　俯瞰隐修园的建筑[4]

7

显或隐

—

点景城堡与借景公寓

从巴斯的新市场街（Newmarket Row）不但能看到精致的普尔特尼桥（Pulteney Bridge），放眼望到北侧山上，会清晰地看到一座城堡。这座城堡叫作山姆堡（Sham Castle）。山姆堡目前是英国的二级历史保护建筑，坐落在巴斯大学北门偏北的山坡上，堡后是悠久著名的巴斯高尔夫俱乐部（图27）。与隐修园（Prior Park）一样，山姆堡所在的巴斯天际线（Bath Skyline）属于英国国家信托基金（National Trust）管理。此堡也是拉尔夫·艾伦（Ralph Allen）投资兴建的。山姆堡由桑德森·米勒（Sanderson Miller）设计，理查德·詹姆斯（Richard James）负责建造。建造这个城堡是为了改善拉尔夫·艾伦在巴斯市中心一所公寓的窗前景色[1]。

艾伦的富有任性在建隐修园的时候可见一斑，但仅仅为了改善窗前景色，一言不合就建个城堡，这也太危言耸听了。于是乎，笔者决定亲自去山姆堡和艾伦的公寓（Ralph Allen's town house）一探究竟。一探之下果然收获累累。

27 | 28

图27 巴斯市中心看到的山姆堡
图28 山坡上的山姆堡

　　那时，艾伦在会客的时候会特地把大家拉到巴斯市中心的新市场街上，指着山姆堡跟客人们吹嘘说这个是他建的城堡！客人们自然信以为真。一方面，艾伦确实富有；一方面，一七几几年嘛，那会儿巴斯维克山上也没有巴斯大学，没人会真正爬四十分钟山去验证他说出的"一部分真话"。

　　如果上山到了山姆堡，才发现真话是一部分真话，城堡是一部分城堡。山姆堡并不完全是人们在市中心看到的那样。一个令人惊讶的事实摆在面前："这算什么城堡，只有一面墙？！"其实，这个山姆城堡是个伪城堡。建筑术语上来说这种建筑叫作点景建筑或装饰性建筑（Folly）（图28）。

　　拉尔夫·艾伦公寓（Ralph Allen's town house）属于英国一级历史保护建筑。整个建筑坐西朝东。这建筑也是由老约翰·伍德（John Wood）设计。如果在某些在线地图查询这个建筑，给出的地点是完全错误的。找到这个建筑得花点心思。这所建筑完全被约克街（York Street）南侧其他建筑包围（图29、图30）。很难想象，这里能看到山姆堡，而且艾伦这种修建出隐修园的富豪怎么会允许有建筑挡到他的视野?

这个被重重包围的建筑与当时的建筑完全不同。绘画作品中,这个建筑原来是有北翼的,而且东侧前任何建筑都没有,清清爽爽(图31),不但能看到山姆堡,连雅芳河(Avon river)和普尔特尼桥都一览无余。北翼于19世纪为配合约克街扩建被拆了。有学者认为,艾伦就从来没有买到北翼的土地。这幅画是虚构之作[2]。无论怎样,现在这个建筑是大隐隐于世了。

显现出来的未必是真的,找不到的未必没有。世间之事有时就是如此。

后记

建筑的虚实是永恒的话题,处理好虚实关系有时是空间的问题,有时是时间的问题,有时是人的问题。

参考文献

[1] Pevsner N. South and West Somerset (The Buildings of England)[M]. New York: Penguin press.1958.

[2] The Ralph Allen Town House [EB/OL], [2023-10-15]. https://britishlisted-buildings.co.uk/101395830-the-ralph-allen-town-house-abbey-ward

[3] English School, 18th Century Mr Ralph Allen's townhouse, Lilliput Alley, Bath, designed by architect J Wood, 1727 [EB/OL], [2023-10-11]. https://www.christies.com.cn/lot/lot-english-school-18th-century-mr-ralph-allens-5410970/?

29 | 30
31

图29 被东侧建筑遮挡的拉尔夫·艾伦公寓
图30 被北侧建筑遮挡的拉尔夫·艾伦公寓
图31 拉尔夫艾伦公寓钢笔画[3]

8

别惹规划师

—

三条街道

有一天，导师与我担负起了为远方来的客人们导游巴斯的任务，众人信步行至一处三岔路口时，导师停了下来，娓娓道出了一个故事。

很久以前的一天，巴斯市的达官贵人们在市政厅里高谈阔论。而与会的建筑师老约翰·伍德（John wood）则在愁别的事情（图32）：他为巴斯市刚建好的三条街道还没有被冠名。老约翰·伍德是个有话憋不住的爽快人，觉得插不上话会令他十分不快。于是，他直接打断了大佬们的对话，站起来单刀直入地吼道："你们到底打算怎么叫我建好的那三条街啊？"议长心想这个建筑师怎么这么无礼，于是，直接把老约翰·伍德按在椅子上，同样吼道："Quiet, John Wood!（安静约翰·伍德!）"……

后来？

今天当我们走到巴斯这个丁字路口的时候，我们看到的是这样三条街：安静街（Quiet street）、约翰街（John street）、伍德街（Wood street）（图33、图34）。

后记

　　人们在巴斯建筑博物馆里可以找到这张规划图，真是粗暴的命名方式啊。

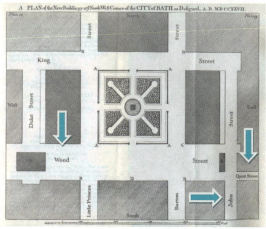

图32　老约翰·伍德的文具盒

图33　安静街（Quiet street）、约翰街（John street）、伍德街（Wood street）

图34　老伍德的规划图

9

日月同辉
—
皇家新月楼、圆形广场、皇后广场

小城巴斯有三处相连的地标性建筑群：皇后广场（Queen Square）、圆形广场（The Circus）与皇家新月楼（Royal Crescent）。这三组乔治亚时代的建筑群是建筑师约翰·伍德（John Wood）父子的代表作。

皇后广场

皇后广场由老约翰·伍德构思设计，并在1728年动工兴建，工程于1736年完工。老伍德将这个建筑群命名为皇后广场，是为了纪念乔治二世国王的卡洛琳王后（Queen Caroline）。最初，广场中心花园是由石质栏杆包围着的，广场总共有四个入口，每个入口都建有一对柱石和一对小方尖碑。广场的四角分别有四个小的方尖碑，广场中央的水池中则立着一个巨大的方尖碑。方尖碑由巴斯著名的典礼司仪、时尚达人博纳什（Beau Nash）在1738年所建，用以纪念威尔士王子弗雷德里克（Frederick）（图35）。

老伍德自己就住在皇后广场的北翼。北翼（21~27号）曾被著名英格兰建筑学者尼古拉斯·斐文斯讷（Nikolaus Pevsner）认为是1730年以前英格兰最纯粹的帕拉迪奥风格的建筑群（图36）。今天，皇后广场的西翼的16~18号是巴斯皇家文理学院，南翼的5~11号目前为弗朗西斯酒店（Francis Hotel）。广场中心的方尖碑还在，水池、石质栏杆均已不在。

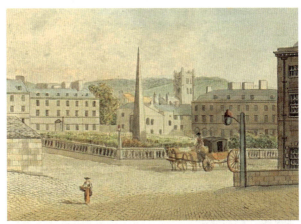

图35　最初设计的皇后广场[1]

图36　皇后广场北翼

圆形广场

建筑师老约翰·伍德（John Wood）早在21岁的时候（1725年）便开始构想圆形广场了。当时，他构想出的宏大规划包含了圆形体育会展中心、皇家议事厅和帝国体育馆。但是，建筑师的理想往往得不到大领主的认可，伍德先生在埃塞克斯伯爵那里就碰了钉子。老伍德做出了各种妥协，议事厅不建了，会展中心不搞了，体育馆不要了，但老伍德始终没有放弃圆形广场的预想。他想尽办法游说他的大甲方们给他个机会，他甚至在批到的地里搞些小把戏。现在巴斯市中心的游行花园（Parade Garden），就是原来的圣詹姆斯角（St James's Triangle），就被老伍德先生建成了圆形广场的预演沙盘。圆形的道路和三等分的出口无不体现着他执着的追求（图37）。

最终圆形广场于1754年2月7日正式奠基。然而，不幸的是，同年5月23日老伍德离开了人世，没能亲眼看到他的设计建成。所幸的是，子承父业，同样流淌着建筑师血液的，他的儿子小约翰·伍德（John Wood the younger）继承了老爸的光荣传统与遗志。圆形广场于1768年正式建成[2]。

圆形广场无疑是伍德父子的巅峰之作。圆形广场的直径与巨石阵一致，高度为12.8米，其弧形建筑形式的灵感来源于罗马斗兽场，就像把罗马斗兽场里外翻个个（图38）。圆形广场房屋的底层、中层、上层也仿效罗马斗兽场使用多立克（Doric）、艾奥尼克（Ionic）和柯林斯（Colithian）柱式。多立克石柱上方还排列有525面三陇板间饰。楼顶的橡子装饰更是向布拉德杜德那个传说致敬（图39）。

圆形广场被布洛克街（Brock street）、伯内特街（Bennett

$$\frac{37}{38}$$

图37 游行花园（Parade Garden）[3]

图38 圆形广场[4]

street）、盖街（Gay street）三条街切割成了三个等长的弧形楼群。就像圆规的两条腿，布洛克街连接了皇家新月楼与圆形广场，盖街则连接了圆形广场于皇后广场。布洛克街是以小伍德的岳父托马斯·布洛克（Thomas Brock）来命名的，盖街则来源于将土地出让给老伍德的罗伯特·盖（Robert Gay）（图40）。

39
—
40

图39　圆形广场建筑立面
图40　理查德·琼斯、拉尔夫·艾伦、
　　　罗伯特·盖和约翰·伍德[5]

皇家新月楼

　　被视为英国境内最伟大的乔治亚风格建筑的皇家新月楼由小约翰·伍德设计，1767年开始建造，1778年所有的房屋就都有了主人。皇家新月楼由30幢联排别墅组成（图41）。乘坐巴斯当地的热气球从天空俯瞰，这30幢联排别墅排列成一个巨大的新月形，不然为何叫皇家新月楼？

　　皇家新月楼立面上有114个多立克石柱，石柱的直径约为76厘米，高近7米，跨越两层。每一个窗户旁边各有一个石柱，只有最中心的16号门（现为皇家新月旅馆）上方各立有两对石柱。皇家新月楼的建筑高度为14.3米[6]。作为巴斯最受欢迎的景点之一，皇家新月楼曾经每小时有25辆旅游大巴停靠，业主们不胜其扰，最终巴斯市政府颁布了不许大型车辆进入皇家新月楼门前道路的规定。皇家新月楼前方有两块草坪，北侧的草坪为皇家新月楼住户的私有草坪，南侧为公共草坪，南北两块草坪中间有设计巧妙的哈哈墙（ha-ha）隔离（图42）。哈哈墙妙就妙在即达到了隔离人员动物的目的，又没有竖起任何遮挡视线的墙体。如此看来哈哈笑声多半来自北侧……

　　皇家新月楼、圆形广场和皇后广场象征着月亮、太阳和大地。皇后广场的海拔高度要低于皇家新月楼与圆形广场，就好像日月在天上，人在下面一样。俯瞰这三组建筑群，我们发现它们好像两只钥匙，又好像是一把圆规（图43）。说起圆规，这是建筑师常用的文具。可伍德父子的圆规似乎不那么简单，就好像圆形广场上的一块三陇板间饰呈现出来的那样（图44），这不就是共济会的标志么？

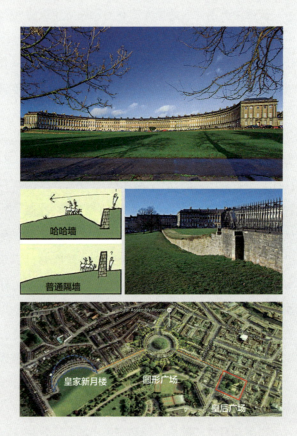

图41 皇家新月楼

图42 皇家新月楼的哈哈墙

图43 皇家新月楼、圆形广场和皇后广场

图44　圆形广场的一块三陇板间饰疑似共济会图案

　　约翰·伍德父子留给了小城巴斯最为壮丽的建筑群，但他们死后，却没有将自己安葬在巴斯的墓园，而是选择了离巴斯很近的斯文斯维克（Swainswick）的圣玛丽小教堂（图45）。笔者曾踏入圣玛丽小教堂的墓园找寻约翰·伍德父子的痕迹。破败的教堂正等待修复，因此无法进入，但没能找到他们的墓碑也并不遗憾，随缘即可。从墓园出来后，发现在这个埋葬建筑师父子的山顶看不到巴斯城的任何建筑。莫非他们只希望我们记住他们的建筑，而不是他们的人……

后记

　　巴斯一共有7座新月楼（Crescent），都是像新月一样有弧度的联排建筑群。最为壮丽的就是皇家新月楼了。笔者为了庆祝漫长答辩的通过，曾经在皇家新月楼最中间的饭馆饕餮了一顿。

图45　约翰·伍德父子的安息之所———Swainswick的圣玛丽教堂

参考文献

[1] Bath in Time: Bath Central Library: image reference 10211 John Robert Cozens (1752-1797) Queen Square from the northwest corner of Queen's Parade Place c 1773 brief illustrated historical outline of Queen Square, Bath[R]，Upton Cheyney: McLaughlin Ross llp 2011.

[2] Jean Manco,The Hub of the Circus: The history of the streetscape of the Circus[R], Bath: Bath and North East Somerset Council. 2004.

[3] Daniels S. Geograph.org.uk/p/7588378 [EB/OL], [2023-5-11]. https://www. geograph.org.uk/photo/7588378.

[4] Roger Beale - geograph.org.uk/p/2042508 [EB/OL], [2023-5-15]. https://www. geograph.org.uk/photo/2042508.

[5] Crellin D and Gay P. The Portrait of John Wood that Never Was[R]. The Four Bath Worthies 52 Artist Unknown Image Credit: Museum of Bath Architecture Bath Preservation Trust. 2021.

[6] Pevsner N. South and West Somerset (The Buildings of England)[M]. New York: Penguin press, 1958.

10

安息与眺望

—

贝克塔

在巴斯天际线之一的兰斯宕（Lansdown）有一座可以俯瞰巴斯全城美景的建筑——贝克塔（Beckford tower）。塔下的墓园中安葬着这个建筑曾经的主人威廉·托马斯·贝克福德（William Thomas Beckford）。这位墓主人生前痴迷于建高塔。但是，贝克塔之前的塔都不是很成功。

小贝克福德出生在一个极其富有的贝克福德家族，只不过这个家族的原始积累是通过臭名昭著的黑奴贸易完成的。小贝克福德的曾祖是牙买加总督，一个拥有20个种植园与1200多名非洲黑奴的领主。小贝克福德的父亲继承了家族的财富后回到英国，成为非常成功的政客，并曾两度当选伦敦市长。1770年小贝克福德的父亲去世时，他的大部分遗产由小贝克福德继承，剩下一小部分由他的八个私生子瓜分。当时小贝克福德年仅9岁，但他已经成为英国最富有的人之一。他继承的财产包括放山庄园（Fonthill estate）、牙买加的十几个甘蔗种植园，以及被迫在这些种植园工作的数百名被奴役的非洲人。他还继承了大约100万英镑的现金。优越的家境让小贝克福德接受了最高水平的教育。他的私人教师阵容豪华，他的绘画老师是影响了英国水彩画发展的18世纪最著名的水彩画家亚历山大·科岑斯（Alexander Cozens），还有设计了英国国王乔治三世马车，以及很多英国的中式建筑与帕拉迪奥风格建筑的建筑师威廉·钱伯斯爵士（Sir William Chambers）。他还曾经有一位音乐老师，名字叫莫扎特，就是那个音乐神童莫扎特。小贝克福德非常聪明，加之良好的教育，使他对文学、建筑、艺术音乐和自然有强烈的兴趣和独到的见解，他对英国美学的发展产生了巨大影响。贝克福德一生都在创作欧洲最伟大的物品、绘画和家具[1]。

但他的性取向为他的人生带来了很多问题，他是一个双性恋者。第一次去欧洲游学的时候，他住在他叔叔家里。母亲和小贝克福德通信的时候就发现他对男士的情感不太正常，于是马上把他召回英国。开始给他介绍社会名流、豪绅贵胄，希望他以后走上他爸爸的政治家道路，好把他不寻常的性取向灭杀在家族责任和工作中。可是，小贝克福德在贵族名流的社交活动中，与考特尼子爵的儿子产生了情愫。这在当时的英国足以令他获得砍头之罪，但他们两人的交往一开始并没有被发现。小贝克福德在那时深受欧洲狂飙突进思潮的影响，对歌德的《少年维特之烦恼》很共情。他能从书中找到与自己类似的苦衷。从欧洲游历回来后，小贝克福德娶了阿博因伯爵查尔斯·戈登的女儿玛格丽特·戈登为妻。在这之后，小贝克福德还如其母亲所愿，成为威尔斯的议员。就在母亲以为小贝克福德已经走上了他父辈的从政道路时，小贝克福德和小考特尼的通信，被考特尼的叔叔截获并发表在了报纸上。一时间，伦敦政界充满了他们两个的禁忌绯闻。小贝克福德不得不带着妻子远走瑞士。这期间也有人劝告小贝克福德的妻子玛格丽特离开小贝克福德，但玛格丽特并没有同意，直到为小贝克福德生下第二个孩子后死于产褥热。小贝克福德为此悲痛欲绝。由此可见他们夫妇的关系很好，并没有被小贝克福德的绯闻所影响。更令小贝克福德悲恸的是，由于他现在的流亡状态，他没法把玛格丽特带回放山庄园安葬。而小贝克福德的两个小女儿最后是由小贝克福德的母亲玛丽亚带回英国，在小贝克福德不在的时候把她们抚养长大的。玛格丽特去世后，小贝克福德发表了他流传后世的哥特小说《瓦提克》《Vathek》。这书简直就是他自己人生的映射。在流亡10年后，小贝克福德回到了放山庄园，自此他过上了一种与世隔绝的隐修生活。回来以后，他开始动工建造放山修道院（Fonthill Abbey）。存放他精心挑选收藏的书籍与艺术品[2]。小贝克福德和建筑师詹姆斯·怀亚特（James Wyatt）一起设计了放山修道院。但是由于怀亚特先生经常沉迷于酒色，导致错过了许多重要工程会议，缺席了修道院建设的必要监督。小贝克福德只好亲自出马监督放山修道院的建造。他的500多名工人日夜倒班，还征用了当地所有的马车来运输建筑材料。作为雇主，他补偿建筑工人们淡色艾尔啤酒、煤炭和毛毯。像小说瓦提克里一样，小贝克福德执着于建造放山修道院的高塔。首次建造的高塔有90米高，不久，塌了。塌了以后小贝克福德的反应竟然是，只恨错过了一睹巨塔垮塌时那别样风采的机会，然后掏出一抽屉金条，继续招呼工人开工建造高塔。第二版高塔仍高90米，盖了6年，继续塌。第三版采用石工建筑材料，盖了7年，这次维持的时间较长。1813年放山修道院的塔终于竣工了（图46、图47）。小贝克福德雇了一个侏儒为10米高的大门作看门人，产生了戏剧性的对比效果[3]。

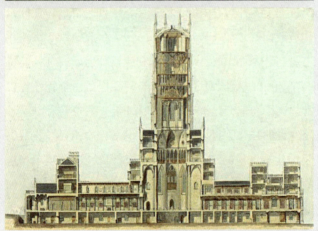

46
—
47

图46 放山修道院绘画[3]

图47 放山修道院剖面图[3]

完工后，小贝克福德独自住在他的修道院里，他只使用其中一间卧室。他的厨房每天为主仆12个人准备食物，小贝克福德总是独自用餐，然后把剩下的食物送出去。有一年圣诞夜，他曾不断催促他的仆人们快点做饭上菜，结果饭一吃完，厨房就塌了。可见他和怀亚特先生设计的建筑结构有多么脆弱。到了1822年，小贝克福德惹了官司，输掉了两个牙买加甘蔗种植园。一年后，他被迫以当时33万英镑（折合现在两亿多人民币）的价格将修道院和里面的东西卖给了来自印度孟加拉国区[1]的火药承包商。出售后的两年，放山修道院的塔楼最后一次倒塌，坑苦了买主[4]。

卖掉老宅后，小贝克福德搬到了巴斯的兰斯宕新月楼（Lansdown Crescent），然后继续造塔。小贝克福德在兰斯宕新月的家和塔楼之间买了一英里宽的土地，并建造了一系列相互连接的花园、菜园和乡村座椅，用于俯瞰雅芳河谷，一直延伸到贝克塔楼，都游览一遍这些景点则称为贝克福德之旅。这次的塔由亨利·古德里奇（Henry Goodridge）设计。这座新古典主义建筑于1827年竣工，小贝克福德将该塔用作自己的图书馆和疗养院。贝克塔高约37米，塔底部有两个红色基调的房间，通过154级旋转台阶可以上到观景台，观景台下方有古希腊风格的檐口、柱顶与檐口托块。观景台上方则有一个带有回纹饰基座的八角灯笼顶，顶上配有精美的顶饰（图48、图49）。这个塔结构很稳定，至今仍屹立不倒，第二次世界大战期间还曾经作为英军的瞭望塔。1844年小贝克福德结束了他跌宕起伏的一生。他安息在了他热爱的塔底下的墓园中。现在贝克塔几经易手最终由巴斯保护信托基金

---

[1] 19世纪初，孟加拉还没有建国，还是印度的一个重要区域。

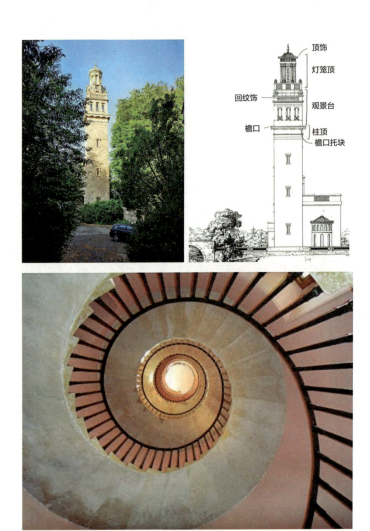

顶饰

灯笼顶

回纹饰

观景台

檐口

柱顶

檐口托块

图48　贝克塔

图49　贝克塔的旋转楼梯

所有并负责维护[5]。游客可以爬上旋转楼梯在观景台俯瞰雅芳河谷中的巴斯城市美景。

后记

笔者有一段时间住在贝克塔下方的山谷地带，在山谷中，每次白天望向贝克塔都觉得金光闪闪，而从贝克塔极目远望，不但巴斯城尽收眼底，还可以看到韦斯特波里（Westbury）画在山坡上的巨大白马。

参考文献

[1] Nicholson K. Derek E. Ostergard, ed. William Beckford, 1760–1844: An Eye for the Magnificent[M]. New Haven, Conn.: Yale University Press for The Bard Graduate Center. 2001.

[2] Beattie S, Curator R, Arran A and Galloway D. William Beckford (1760–1844): part one. [EB/OL], [2023-6-7]. https://www.nts.org.uk/stories/william-beckford-1760-1844-part-one.

[3] John R. Delineations of Fonthill and its Abbey[M]. London: C. Knight, 1823.

[4] Millington J. Fonthill after Beckford[J]. The Beckford Journal, 1996(2): 46-60.

[5] Beckford's Tower and museum. Beckford's Tower [EB/OL], [2023-6-13]. https://beckfordstower.org.uk/history/beckfords-tower/

11

艺术品之家

——

赫本博物馆

　　巴斯最宽阔雄伟的大街应该就是大普尔特尼大道了，这是一条304.8米长、30.48米宽的林荫大道。这条大道的起点就是赫本博物馆（Holburne Museum）。赫本博物馆也是典型的乔治亚风格建筑，从正门的三角门楣和四根科林斯石柱，都能看到明显的特征。赫本博物馆曾经是庄严的悉尼酒店，现今建筑后边的悉尼花园就是悉尼酒店的花园。可以说悉尼花园在巴斯，就好比是沃克斯豪尔花园（Vauxhall）在伦敦或拉奈拉（Ranelagh）花园在都柏林的地位。

　　赫本博物馆的收藏品由威廉·托马斯·赫本爵士奠定的[1]。赫本家是军人世家，威廉的曾祖是陆军少将，而爷爷是海军上将[2]。1801年，他的父亲弗朗西斯爵士带着一家人从斯旺西附近的住所搬到了巴斯的兰斯宕新月楼，成了贝克福德的邻居。威廉本来不会继承家业，他还有个大哥，也是军人，不幸在抗击拿破仑败军的反扑中受伤，不治身亡。死前他向他的部队提了个遗愿——把佩剑和腰带送到他兄弟那里。威廉11岁就加入了英国海军，参加过著名的特拉法加海战。军旅生涯10年后，威廉从海军上尉军衔上退役。1820年在父亲过世后，威廉成为赫本家第五代男爵。之后威廉开始了18个月的欧洲之旅，访问了意大利、阿尔卑斯山和荷兰。欧洲游历激发了他一生对艺术的兴趣和对收藏的热情。他特别喜欢青铜雕塑、白银、瓷器和荷兰风景画。威廉母亲过世后，他和他同样不愿结婚的两个姐姐和一个妹妹搬到了巴斯的卡文迪什新月楼（Cavendish Crescent），虽然威廉一生未娶，但是和家人一起挤在公寓当中，导致了他只好收集比较小尺寸的藏品。小尺寸的藏品比较适合房子的紧凑性质。威廉的收藏种类繁多，从家族珍宝如中国的纹章瓷器、白银和肖像画中，他添加了17世纪和18世纪的白银和瓷器、意大利的马约利卡陶器（maiolica）和青铜器、油画、肖像、微缩模型，书籍和家具以及各种其他较小的物品，包括罗马玻璃、硬币、搪瓷、印章、宝石和鼻烟盒等（图50）。威廉于1874年去世。1882年，赫本家最后的家庭成员玛丽赫本将家族中4000多件藏品、图片和书籍遗赠给了巴斯人民。从建立伊始，赫本博物馆的目标就是形成"巴斯市艺术博物馆的核心"。自1892年成立并于一年后向公众开放以来，赫本博物馆又获得了2500件藏品。在之后的日子里，赫本博物馆还接受了许多收藏家的慷慨捐赠[3、4]。

在众多藏品中，铜质珐琅的博纳什像很有特点。爱尔兰艺术家纳撒尼尔·霍恩（Nathaniel Hone）的博纳什老年微缩肖像成功的捕捉到了博纳什的性格和自己设计的穿衣风格（图51）。

50
—
51

图50　赫本博物馆的艺术藏品
图51　赫本博物馆中的博纳什珐琅肖像[5]

2008年在悉尼酒店矗立了近一个世纪后对公众关闭了大门，开始进行了一次重大的翻新改造。建筑师埃里克·帕里（Eric Parry）在竞赛中中标，主持赫本博物馆的改造设计工作。帕里的改造十分大胆，大胆到好比贝聿铭的金字塔之于卢浮宫，诺曼·福斯特的灯塔透镜之于德国柏林议会大厦。但是，他们的成功之处都在于，虽然使用十分现代的手法改造了古建筑，但并没有显得突兀和不和谐。赫本博物馆背向大普尔特尼大道而面向悉尼花园的一侧，帕里添加了一个由钢结构、通透玻璃表皮覆盖陶瓷饰面的全新空间。

帕里的设计首先维护并翻新了悉尼酒店的"舞厅"。舞厅是本家族永久藏品的主要展示空间。新楼梯间连接了新旧两段展览空间。画廊将铰接的楼梯大厅与新建筑中的临时展览空间连接起来，新建筑顶层用于临时展品的展示空间。在其下方，与舞厅相对应，是一个两层的画廊，用于装饰物品、家具、微缩模型的展览。一楼是一间咖啡馆，三面通向悉尼花园，这个空间原来是酒店的棋牌室。从上到下，新建空间的自然光透过率是由设计师通过调整建筑表皮语言有意增强的。顶层用陶瓷饰面板三面覆盖，而二层由侧窗可以提供照明，底层咖啡馆则是三面通透的玻璃表皮。

三层玻璃幕墙确保了围护结构的保温性能。通过地面进气孔与建筑顶部的排气孔，建筑实现了被动式热压通风。

在表皮建筑材料方面，帕里采用了一款深色斑驳的蓝色陶瓷，顶层用镶板装饰，外加节奏交替的像钟乳石一样的肋片式遮阳构件横跨建筑的外表面[6]。陶瓷具有良好的自洁性，易于维护好打理。颜色选择也十分考究，在悉尼花园树林的映衬下，新建空间的表皮时而呈现青铜器的质感，时而看上去温润如玉，与另一侧的巴斯石古建筑相映成趣（图52）。在巴斯，能舍弃蜂蜜色的巴斯石不用，而大胆采用新材料进行改造，这绝对是需要勇气、审美能力和创造力的。

图52　赫本博物馆的前、后立面

参考文献

[1] The Holburne Museum. History of the Collection [EB/OL], [2023-5-11]. https://www.holburne.org/the-collection/history-of-the-collection/

[2] The Holburne Museum. The Holburne Family Tree [EB/OL], [2023-6-21]. https://www.holburne.org/about-us/the-holburne-family-tree/

[3] The Holburne Museum. Sir William Holburne and his Collection [EB/OL], [2023-6-21]. http://collections.holburne.org/themes/sir-william-holburne-and-his-collection.

[4] The Holburne Museum. The Collection [EB/OL], [2023-6-22]. http://collections.holburne.org/object-m185.

[5] The Holburne Museum. Portrait miniature: Richard 'Beau' Nash by Nathaniel Hone, enamel on copper, 1750. [EB/OL], [2023-6-22]. http://collections.holbur-ne.org/object-m185.

[6] Parry E. Facade detail: Holburne Museum extension, Bath, by Eric Parry Architects [EB/OL], [2023-6-22]. https://www.architectsjournal.co.uk/news/faca-de-detail-holburne-museum-extension-bath-by-eric-parry-architects.

12

为爱情不妥协
—
简·奥斯汀纪念馆

　　9月来到巴斯，人们会在市中心碰到穿英国摄政时期衣服的男男女女在街上巡游，可以来简·奥斯汀中心加入他们，一起来欢庆简·奥斯汀节（图53）。简·奥斯汀中心坐落在巴斯的盖街（Gay street）上，是一座典型的乔治亚时期建筑，三角形门楣与爱奥尼克柱式都出现在了建筑正门的立面上。可以看到穿着天蓝色连衣裙的简·奥斯汀在门口翘首遥望远方，等候游客的到来，运气好的话还能一并碰到衣冠楚楚的达西先生（图54）。简·奥斯汀创造的六部小说是公认的19世纪英国文学的巅峰作品。这六部小说都或多或少提到了巴斯。

　　简·奥斯汀与巴斯的情缘可以追溯到她的童年时代。外婆、无儿无女的姨妈与姨父都对她疼爱有加，经常邀请简来巴斯玩耍。对于简来说，巴斯简直就是"外婆的澎湖湾"。但真正定居在巴斯还是简父亲做出的决定。简的父亲曾就读于牛津大学，良好的教育潜移默化地影响着简，对她的未来产生了深远的影响。简还小的时候，她的父亲就看到

了简的潜力，鼓励她写作，成为一名作家。她的母亲也出身于牛津学者家庭。母亲会让孩子们在家庭戏剧中体会文学艺术的魅力。简儿时住在汉普郡的史蒂文顿（Steventon）村，她有六个哥哥和一个妹妹。兄弟姐妹的关系非常亲密。但这十口之家的生活过得很拮据。患有癫痫的小乔治被送到了亲戚家，哥哥爱德华被富裕的奈特夫妇收养。父亲为了贴补家用，兼职在家为私立学校的学生指导学业[1]。简的小说里几乎都充斥着对金钱的焦虑。后来，哥哥爱德华成了他们全家重要的经济来源。简的父亲终于不再背负沉重的经济压力，于是在1800年决定退休，并在一年后和简举家离开了史蒂文顿村搬去了巴斯[2、3]。那时简26岁，虽然巴斯对她早已不再陌生。但真正融入这里奢华的生活还需要有一定的心理准备。

从博纳什时代形成并传承下来的气质，令巴斯散发出独特的魅力，这里的社交活动丰富。由于当时的巴斯已经成了一个社交婚恋市场，门当户对观念在这里根深蒂固。婚姻在这里成了一种复杂的博弈。具有敏锐洞察力的简在巴斯集会厅举办的舞会中逐渐形成了她小说中的人物与观点。然而，写了一辈子爱情的简·奥斯汀却终身未嫁。19岁时，简对后来成为爱尔兰最资深大法官的勒弗罗伊（Lefroy）芳心暗许，但由于那时自己家的经济状况堪忧，简觉得嫁妆也许都拿不出来，于是她没有在爱情的道路上勇敢地迈出下一步。27岁时，简在巴斯她迎来了一段潜在的姻缘，当她回到斯蒂文顿探亲时，一位庄园继承人哈里斯·比格·威瑟和她擦出了爱情的火星。威瑟先生闪电般地向简求婚，简欣然同意，可是，回家想了一宿，后悔了，还是没能在爱情的道路上走下去，尴尬地逃回到了巴斯。门第差距产生的自卑、对另一半的不了解和立志成为小说家的倔强都可能对这个决定起了推波助澜的作用[4]。总之，简自己的不妥协，也书写了自己情感中的傲慢与偏见。

回到巴斯居住的简，度过了一段艰难的时期，《诺桑觉寺》的手稿在投给了伦敦的一家出版商后杳无音信。一年后她们一家从悉尼花园4号，搬到了绿园（Green park），两年后，简的父亲去世。简不仅失去了她的至亲至爱，家里的经济状况也陡然窘迫。一家人只好搬到了盖街（Gay street）25号，这所公寓虽然狭小但是是老约翰伍德设计的作品。简离开了巴斯拜访了朋友1年后，又搬到了特里姆街（Trim street）。1809年，简离开了巴斯。简的哥哥爱德华继承了收养他的家庭的一部分财产。哥哥把位于查顿（Chawton）的一所宽敞的别墅提供给了简一家。在这里，简终于不再奔波辗转，她终于有足够的时间用于整理书稿与写作。八年后，简离开查顿去温彻斯特治病后，再也没能回来，去世时年仅41岁[5]。

简在巴斯居住的时间，不像是来安放灵魂的，更像是来体验生活的，在名利场目睹了人世沧桑后，回到恬淡舒适的乡村别墅，收拾好自己的情感与收获，汇成了她的一部部不朽佳作。

后记

能在名利场中冷眼旁观，财富诱惑中保持自我，简实属不易。

参考文献

[1] Kaplan D. The "Family Influence" on Jane Austen's Juvenilia [EB/OL], [2023-7-2]. https://www.jasna.org/persuasions/printed/number10/kaplan.htm

[2] Massei-Chamayou, M.-L. 'Oh! Who Can Ever Be Tired of Bath?' The Sense of Place in Jane Austen's Northanger Abbey and Persuasion. Spa Culture and Literature in England, 1500-1800S. Chiari and S. Cuisinier-Delorme[M]. Cham: Springer International Publishing: 65-85.

[3] J.E. Austen-Leigh, Memoir of Jane Austen, ed. R.W. Chapman, 2nd ed. (1870; rpt[M]. Oxford: Clarendon Press, 1926.

[4] Blakemore E. Why Jane Austen Never Married. [EB/OL], [2023-8-21]. https://www.history.com/news/why-jane-austen-never-married

[5] Jane Austen: A Life [EB/OL], [2023-8-24].. https://janeaustens.house/jane-austen/jane-austen-a-life/

13

知识就是力量

—

教育建筑

提到教育建筑，学校是不能回避的一类，巴斯有两个大学（University）即巴斯大学、巴斯泉大学，两个专科学院（College），即诺兰学院和巴斯学院，一个皇家研究院（Literary and Scientific Institute）巴斯皇家文理学院。

巴斯皇家文理学院（Bath Royal Literary and Scientific Institute, BRLSI）

巴斯皇家文理学院坐落于老约翰·伍德John wood设计的皇后广场（Queen square），一开始是由巴斯的名流提议建立的永久性文学和科学研究机构。建筑也是明显的乔治亚风格，1824年在大火中被摧毁过。1830年巴斯文理学院获得皇家赞助，1837年维多利亚女王授予巴斯文理学院皇家头衔。从那时至今这里都叫巴斯皇家文理学院（BRLSI）。目前，这个建筑其实是著名医生、巴斯温泉水疗医院联合创始人威廉·奥利弗（William Oliver）博士的住所[1]。1750年前后，生活在巴斯的医生威廉·奥利弗发明了一种消化饼干，并且粗暴地命名为巴斯奥利弗（Bath Oliver）。这巴斯奥利弗由面粉，黄油，酵母和牛奶制成，质地坚硬，口感粗糙，适合搭配芝士（图55）。这款富含酵母的饼干据说发明出来其实是为了治疗胃酸过多的病人。当奥利弗去世后，这款饼干的秘方连同100英镑和十袋细面粉赠由他的车夫阿特金斯先生继承。这位车夫十分具有商业头脑，利用这个秘方开启了酵母饼干烘焙业务，迅速发家致富[2]。他的老东家奥利佛先生既千古留名又造福了后世。现在，在超市里还能买到这款混合了城市与发明者名字的饼干，味道就非常见仁见智了。除了巴斯奥利弗，巴斯皇家文理学院还是好多协会举行会议集会的地点。和巴斯皇家文理学院有紧密联系的科学家包括：约瑟夫·普里斯特利（Joseph Priestley），他是18世纪最有影响力、最丰富多彩的科学家之一。他是巴斯哲学学会（BRLSI的前身）的成员，他因为第一次发现了氧气

图55　巴斯奥利费饼干

而被世人铭记。巴斯皇家文理学院在维多利亚时期也是地理学研究的中心，英国地理学之父威廉姆·史密斯（William Smith），就住在双隧道自行车绿道歪篓（Wellow）方向，塔克英米尔（Tucking Mill）高架桥下的村舍中[3]。

巴斯泉大学（Bath Spa University）

巴斯泉大学，目前主要的校区是牛顿公园校区（Newton park），这里是由一个古老庄园为基础组建的大学校园，里面有一座13世纪的城堡和一座18世纪的庄园。牛顿公园的建筑是由史提夫·林德贝特（Stiff Leadbetter）建造的。史提夫是1750年代和1760年代一位专业的木匠，也是最成功的建筑师之一，受雇于当时很多的贵族家庭。1756年他被任命为圣保罗大教堂的结构测量师，从此以后还获得了许多来自教会委托[4]。牛顿公园是他最好的代表作之一，被著名建筑评论家尼古拉斯·佩夫斯纳（Nikolaus Pevsner）描述为"萨默塞特郡18世纪最好的乡村豪宅之一"[5]。牛顿公园的建筑是典型的乔治亚风格建筑，深受帕拉迪奥风格影响。这所建筑目前是英国一级历史保护建筑，目前是巴斯泉大学的行政中心和音乐厅，主建筑是牛顿公园中心。建筑向西俯瞰园内的上湖，向北俯瞰下湖，还可以欣赏到公园东南部的景色，景深一直延伸到500米外的林荫山脊（图56）。这座建筑也是用巴斯石砌成的，中央建筑有两层，有地下室、带房间的阁楼和三角形门楣，建筑带有东西两翼厢房，每翼都有三角形门楣，西翼在门楣上有一个钟，东翼有一个指南针，两翼建筑都有八角形的钟塔，塔顶部有球形装饰和风向标（图57）。

56
——
57

图56　巴斯泉大学牛顿公园校区全景[6]

图57　牛顿公园主建筑群[7]

牛顿公园校区的花园和庭院由景观建筑大师兰斯罗特·布朗（Lancelot Brown）设计。像博纳什一样，他也有个雅号，叫"能力"布朗。他的能力享誉整个欧洲，连俄罗斯的凯瑟琳大帝看到他的作品后都久久不能忘怀，凯瑟琳大帝曾于1772年写信给伏尔泰："我现在疯狂地爱上了英国的花园，那里有蜿蜒的线条，平缓的斜坡、散落的湖泊和坚实的小岛。"信中描写的这些特征正是布朗园艺设计的精髓。彼时，法式庄园盛行欧洲，而布朗的领导威廉·肯特（William Kent）对法式风格并不推崇。肯特认为凡尔赛宫这种过度的修饰，强调人对自然的统治，这种风格过于自大了。肯特主张"跳出围栏，一个花园应该是目力所及的自然。"布朗在斯托（Stowe）和肯特为科巴姆勋爵工作时，深受肯特的这种追求自然的设计思维的影响。他和肯特以及皇家园艺师查尔斯·布瑞哲曼（Charles Bridgeman）一起为斯托庄园规划了不列颠第一个哈哈墙。由于他出色的能力，他开始接受科巴姆勋爵介绍的一些朋友的委托，逐渐成长为一名独立设计师兼承包商。到了18世纪60年代，布朗的年收入相当于80万英镑，每笔佣金超过6万英镑。1764年，他被任命为乔治三世在汉普顿宫、里士满宫和圣詹姆斯宫的园艺大师[8]。

巴斯泉大学校园建筑古朴典雅，园区景观风景优美，水系发达，动植物品种多样，还有天鹅栖息，是一所静谧中透着优雅的校园。

诺兰学院（Norland College）

在英国，也许牛津、剑桥被认为是世界最好的大学，但是他们也很难一直保持全球首席的宝座。巴斯有一所将教育做到极致的学府，它并不是声名显赫的巴斯大学，而是声名更加显赫的一所学院。这所学院在其专业上做到了全球第一。它是全英国可以颁发本科毕业证书的最小教学机构，这个机构就是被称为超级保姆的摇篮——诺兰学院。这个本科专业是就是家政专业。学校的课程传授营养、烹饪、神经学、睡眠、美发、戏剧学、儿童心理学、擒拿格斗、安全防卫、网络安全、极限驾驶等专业技能。诺兰学院的毕业生从不用担心找工作问题，他们的就业率说是100%都有些不尽然，事实上，市场对诺兰学院毕业生的供需比达到了1∶11，就是说一个诺兰学院的毕业生有11个潜在雇主在抢[9]。因此，诺兰学院承诺终生为学生推荐工作。英国王室就是诺兰学院的雇主之一。

诺兰学院坐落于伦敦路与雅芳河之间，是一所五层的维多利亚石工建筑，主要的建筑材料还是巴斯石（图58）。建筑目前由尼克·使伯建筑师事务所（Nick Shipp architects）负责翻新与扩建[10]。诺兰学院一共只有300余名学生，它的入口不大，拾级而上进门后便是接待台，有主入口进入的其实是二层，这层设置小型教室和克拉克大厅（Clarke Hall）主要用于来宾演讲、慈善活动、大课堂与裁缝课程教室。沿走廊下到一层，这层的两个教室主要是教授儿童日常看护的课程，两个教室都有门通往一层小花园。一层还有一个学生休息活动室与洗手间。三层有两间教室与一间小型图书馆。四五层为办公室和储藏室区域。另外后院还有一所专门用于烹饪教学的独立教室。

图58 诺兰学院海思菲尔德校区[10]

巴斯大学（University of Bath）

巴斯大学坐落于巴斯威克山顶（Bathwick hill）。巴斯大学1966年才获得皇家特许状正式被认可为大学，与动辄八九百年历史的牛津、剑桥相比，可以算是相当年轻的大学了。正因为如此，巴斯大学的建筑群绝大多数是明显的现代建筑。英国的大学建筑要么像牛津、剑桥那样，城市主要是围绕大学而建立。要么就像UCL、卡迪夫大学那样，大学建筑散落于城市中。而巴斯大学属于另外一种，它独自占领一片山头。

从克莱温顿宕路（Claverton Down road）的主入口进入巴斯大学，首先映入眼帘的是广袤的足球场、网球场，接下来便是运动训练中心。巴斯大学的运动设施在全英国数一数二，体育相关学科排名世界前列。足球运动场至少有8个。室内网球馆、羽毛球馆、柔道馆、体操馆应有尽有，而且有奥运会规格的2米深饮用水标准的游泳池。2012年伦敦奥运会时，中国游泳队层在这里驻扎训练。再往里走，就会看到公交车停泊车站，同时也是主建筑群的东入口。

巴斯大学一开始的校园规划是围绕一条中央大街游行大道（The Parade）开始的，所有的主要建筑都位于游行大道的两侧，除了像城关一样横亘在游行大道东西两侧的高层建筑维塞克斯（Wessex house）大楼和瑙伍德大楼（Norwood house）。游行大道的东侧入口将人车分流，通过楼梯与无障碍电梯人员可以上到游行大街表面，而大街下面则是货物运输的通道。这是一种非常方便的规划方式。游行大街的中点就是知识的宝库——图书馆。图书馆是钢结构的平板玻璃建筑，24小时开放，如灯塔一般俯瞰着一汪湖水，湖水的北侧是夯实的像古罗马讲坛一样具有阶梯般形态的草坡。湖岸水草丰茂吸引了很多野鸭等涉禽栖息。湖南岸是另一片建筑群，主要是生物系与化学系所在的教学楼（图59～图61）。

学生宿舍在主建筑群的北侧周围环抱，有一片是以建筑师约·翰伍德命名的建筑群。住宿条件十分不错，每个学生都可以有独立的卧室和厕所，浴室和厨房是轮流使用的公共空间。假期部分住宿房间会对公众开放，收费使用。宿舍周围绿化环境很好，向北是一个高尔夫球俱乐部，往南就是教学楼。

在宿舍楼群中还有个巴斯大学建筑系开发的小型实验性建筑——稻草房（Bale haus），稻草房使用了压合稻草结合木制框架作为建筑的模块化墙体，保温性能非常好还具有良好的排湿性能，完全满足当地气候条件，而且低碳环保（图62）。

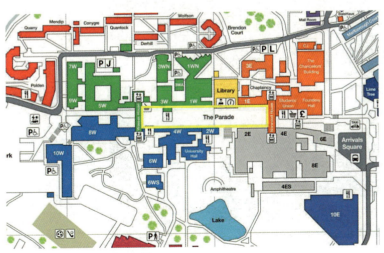

图59　巴斯大学校园平面示意图[11]

$\dfrac{60}{61}\Big/62$

图60　巴斯大学的湖

图61　巴斯大学图书馆

图62　巴斯大学建筑系
的稻草房[12]

后记

笔者在巴斯皇家文理学院当过一年的青年研究员导师。这个项目是巴斯大学与巴斯皇家文理学院共同建立的一个科研项目。这个项目会让在读的博士生来指导巴斯当地十几岁的小学生、初中生如何正确地进行科学研究,并在学术会议上阐述自己的研究成果。学生们通过项目成长为了小科学家,指导学生们的博士生成长为了小导师,师生共同进步。在诺兰学院的附近有个大超市,笔者经常在那里购物。有时就会遇到穿着驼色古典制服的女士,原来并不知道她们是什么组织的。在笔者孩子出生的医院,有诺兰学院的学生在那里实习,她们会和医院的医生、护士一起帮忙护理新生儿。笔者第一次给孩子换尿布还是他们教的。2011～2018年,笔者在巴斯大学求学。笔者从一个语言还不太过关,怯懦地去湖边向鸭子们许愿的懵懂青年,逐渐成为获得了硕士学位、奖学金、博士学位,以及知识、经验、友情、学术准则、科研能力、荣誉等一生无价瑰宝的终身学习者。

参考文献

[1] BRLSI. About Us[EB/OL], [2023-7-12]. https://www.brlsi.org/about-us/

[2] Rolls R. Dr William Oliver (1695-1764) [EB/OL], [2023-7-14]. https://bathmedicalmuseum.org/dr-william-oliver/

[3] BRLSI. Philosophical societies [EB/OL], [2023-7-12]. https://www.brlsi.org/about-us/

[4] Howard C. A Biographical Dictionary of British Architects 1600-1840, 3rd edition [M]. New Haven and London: Yale University Press, 1995.

[5] Pevsner N. South and West Somerset (The Buildings of England)[M]. New York: Penguin press, 1958.

[6] Singhal S. Bath Spa University, Newton Park Campus in UK by Hopkins Architects[EB/OL], [2023-7-14]. https://www10.aeccafe.com/blogs/arch-showcase/2011/07/06/bath-spa-university-newton-park-campus-in-uk-by-hopkins-architects/

[7] Newton Park. cc-by-sa/2.0 - © Dave Napier - geograph.org.uk/p/94882 [EB/OL],

[2023-7-14]. https://www.geograph.org.uk/photo/94882

[8] Joan C. Capability Brown: an illustrated life of Lancelot Brown 1716-1783[M].

Aylesbury: Shire Publications, 1975.

[9] Morgan K. Norland College: Where the Royals Find Their Nannies [EB/OL],

[2023-7-15]. https://history.howstuffworks.com/european-history/norland-college-

royal-nannies.htm#:~:text=A%20Norland%20nanny%20can%20expec-t%20

to%20make%20anywhere,News%2C%20so%20graduates%20are%20very%20

much%20in%20demand.

[10] Nickshipp Architect. Norland College, Hayesfield Campus [EB/OL], [2023-7-15].

https://www.nickshipp.com/portfolio/items/norland-college-hayesfield-campus/

[11] University of Bath. Claverton Down campus map [EB/OL], [2023-7-22]. https://

www.bath.ac.uk/publications/claverton-down-campus-map/

[12] Modcell. Balehaus at bath relocated. [EB/OL], [2023-7-22]. https://www.mod-

cell.com/projects/balehaus-at-bath-relocated/

14

曾有人坐在这，看过你眼前的风景

——

纪念长椅

在巴斯的山坡上、公园的走道旁、湖边、树下都有可能找到一些木制长椅，人走累了可以停下来坐在上面休息一下，欣赏一下眼前的风景。有些椅子上面会刻上一段文字或镶上一个金属铭牌：谨以此椅纪念某某，他/她曾经深爱您眼前看到的这片美景。是的，这些椅子是用来纪念逝者的。它们见证了英国人民的生活和历史，是英国文化中不可或缺的一部分。

纪念长椅的出现可追溯到19世纪，怀特岛也有1881年就出现的纪念长椅[1]。纪念长椅在巴斯更有其独特的意义，坐在长椅上的人看到的风景也许和那个人曾经看到的并没有特别大的差别，因为古城巴斯几百年来的变化并不很大。人们坐在长椅上，看着眼前的巴斯，往往会产生一种时空错位的感觉（图63）。

这种纪念方式在寄托哀思的时候，会给人以非常温暖的回馈（图64~图66）。椅子的形态不像纪念碑、墓碑那么冰冷肃穆，需要人们静静站在它们前面，无论仰视俯视都再也感觉不到任何亲切。木制的纪念长椅，不像石工材料那样冰冷。而椅子的形象更像是一个长辈，张开双臂把人托在膝上，让人回忆起自己婴儿时至亲至爱的母亲、父亲、叔叔、伯伯、婶婶、阿姨、祖父母……人们可以信赖地在他们怀中依偎、撒娇、发脾气、诉尽衷肠，而他们总是笑呵呵地倾听、容纳这一切。闭上双眼感受一阵风吹过、一片云飘过、一道阳光洒落、一片雪花飘落，也许他们并未走远，一定在某处默默地注视着你、保佑着你。睁开双眸，眼前的景色依旧，原来他们也在这里过……

图63　亚历山大公园的纪念长椅可以俯视巴斯古城

后记

我在巴斯维克半山腰、亚历山大公园、维多利亚公园、兰斯宕的山坡上、雅芳河边等好多可以驻足、观景、休息的地方都看见过这些纪念长椅。有时候累了坐在上面一会儿，远眺一下前方，感觉身心都得到了放松。疫情以来很多人都来离开了我们，当我再回忆起这些长椅时，已经不是那时的感觉了，尤其写道"原来他们也在这里"时，我已潸然泪下，不想加上一个"过"字。加上它让我觉得无比残忍。

参考文献

[1] Emms S. The moving stories behind memorial park bench inscriptions [EB/OL], [2023-7-15]. https://www.kentishtowner.co.uk/2013/10/16/wednesday-picture-tales-park-bench/

15

老店飘香

—

莎莉露

老店莎莉露（Sally Lunn）坐落于巴斯现存最老的建筑里，可以说是一家世界闻名的餐厅（图67）。她最著名的产品就是莎莉露圆面包（Sally Lunn Bun）。

关于莎莉露的起源众说纷纭，每个好像都很有道理。据1775年记载的一篇报道称，巴斯当年有一位女烘焙师，从早到晚会提着用白布盖着的篮子沿街贩卖她制作的面包，她做的面包就叫作"Solilem"，传到英国人耳朵里就成了Sally Lunn。有个叫戴尔默（Dalmer）的烘焙师兼乐师把莎莉露写进了诗歌里，传唱于市井（图68）[1]。

另外一个版本认为，莎莉露原来是法语的"Sol et lune"，意思是太阳和月亮，也暗指莎莉露圆面包金色的外皮和柔软白色的内瓤。这个说法与日月同辉的巴斯城倒是相得益彰[2]。

而据莎莉露店里介绍说，莎莉露的圆面包传奇始于1680年。当时的法国很动荡，莎莉露小姐是法国新教归正宗胡格诺教派的信徒。对于宗教持宽容态度的法王亨利四世在

67 | 68

图67　老店莎莉露的入口

图68　贩卖"Sally Lunn Bun"的女烘焙师

被刺杀后，法国国内天主教派占据了主流，后来的法国国王路易十四1685年颁布《枫丹白露敕令》宣布胡格诺教派为非法教派，在此之前，莎莉露小姐以难民的身份逃到了英国巴斯，在矮人巷（Lilliput Alley）这个地方找到一个面包师的工作。莎莉露小姐当年不叫"Sally Lunn"，原名"Solange Luyon"法语发音大概是搜腊石露藤。她的英国同事们不会这个发音，久而久之就把"Solange Luyon"改成了"Sally lunn"。莎莉露小姐的工作除了烘焙，还包括提着篮子沿着巴斯修道院的街道售卖自己面包房的产品。就在那时，她开始制作一款类似于法国节日面包的大圆面包，这款独特的大圆面包很快风靡了乔治亚时期的英格兰，各方买家纷至沓来[3]。

这款面包十分厚道，直径将近20厘米，蓬松柔软，奶油香味浓郁，搭配甜点与咸肉都十分得当。至今，莎莉露菜单上的半壁江山都是基于这款大圆面包的。确实，这款大圆面包无论搭配果酱、黄油还是熏制的三文鱼都很和谐。有时馋了，笔者会在地下室的博物馆里买几个回家烤着吃（图69）。

莎莉露对这款面包非常自豪，因为天下只此一家。伦敦巴斯圆面包（London Bath Bun）经常被简称巴斯圆面包（Bath Bun）。有些不明缘由的顾客可能会把它跟莎莉露的大圆面包搞混。但在莎莉露这里，他们对伦敦巴斯圆面包的态度好比在伦敦裁缝街里的裁缝们看到量产西服的态度。

如此有名气的老店也吸引了很多名人光顾。查尔斯狄更斯在其著作《教堂钟声》里就提到了几款寒冷雪夜中诱人的夜宵：马芬（Muffin）、考面饼（Crumpet）以及莎莉露圆面包（图70）。个人认为前两个确实不如莎莉露圆面包好吃。

图69　打包回家烤来吃的莎莉露圆面包

图70　马芬、考面饼、莎莉露圆面包

除了售卖大圆面包，莎莉露地下室的博物馆也介绍了这座建筑悠久的历史，在其地下室最深处的考古挖掘中已经发现了罗马时代（1世纪）的文物，如马赛克瓷砖，油漆、石膏和陶器。其中，一些泥罐的出土表明，早在罗马时期，这个地方可能就已经开始为罗马浴场和朝拜苏利斯·密涅瓦（Sulis Minerva）神庙的客人们提供食物了。在罗马人离开之后，这片区域修建了一座伟大的本笃会修道院，靠近修道院，在Sally Lunn的北部地下室，我们可以看到12世纪的餐厅和修道院厨房的基础墙壁。考古人员共发掘了七个在12～14世纪建造的独立楼层。

在地下室的博物馆里完整的保存了一个用于烘烤面包的柴炉烤箱（Faggot oven）遗迹（图71）。在大约1482年前后，新的烟囱和一个壁炉建成。该建筑在亨利八世解散修道院后出售，而在1622年，木匠乔治·帕克（George Parker）在前修道院建筑物的基址上建造了现有的木结构房屋[4]。

地下室的博物馆里还有两个有趣的小品，小黑屋的门上明确表明，这里是用来关烘焙时捣蛋的熊孩子的（图72）。墙上有一方石砖，印着一个猪脸，这还是在向王子与猪的传说致敬（图73）。

参考文献

[1] Westmorland Gazette. The story of Sally Lunn [N]. Westmorland Gazette.1826-12-23.

[2] Daily meal. The Mysterious Origin Of Sally Lunn Buns [EB/OL], [2023-3-6]. https://www.thedailymeal.com/1158030/the-mysterious-origin-of-sally-lunn-buns/

[3] Sally Lunn's. Meet Sally Lunn[EB/OL], [2023-3-5]. https://www.sally-lunns.co.uk/history/meet-sally-lunn/

[4] Sally Lunn's. Sally Lunn's House – 1400 to 1660 Lunn[EB/OL], [2023-3-5]. https://www.sallylunns.co.uk/history/sally-lunns-house-1400-to-1660/

71
―
72
―
73

图71　柴炉烤箱（Faggot oven）遗迹

图72　关熊孩子的小黑屋木门

图73　猪脸砖

16

来自沼泽地的美味

—

村舍建筑

　　巴斯城中很容易买到一款有着浓郁牛奶口味的冰激凌——沼泽地冰激凌（Marshfield Ice cream），这款冰激凌遍布英格兰，伦敦的塔桥上、布莱顿的海滨、布里斯托的动物园里都可以买到（图74）。

图74　沼泽地冰激凌[1]

但是，就像喝啤酒一样，去超市买一瓶吉尼斯（Guinness）罐装啤酒坐家里沙发上喝，和去都柏林重力酒吧里打一品脱新鲜的且经过酒保六步倒酒法、再拉出竖琴花纹的生鲜吉尼斯，俯瞰着城市，慢慢润进喉中的体验，还是有一定差别的。

如果要吃到地道的沼泽地冰激凌还得去巴斯城外宾夕法尼亚（学建筑的一定会觉得这个地名有点如雷贯耳，不过那个宾夕法尼亚在美国）附近的沼泽地农场。只有农场里比较容易买到大盒家庭装的、新鲜的沼泽地冰激凌。其中尤以浓郁奶油味（Rich Clotted Cream）最值得推荐。因为，归根结底沼泽地冰激凌的核心竞争力就是其优质的新鲜奶源。浓郁奶油味是不添加其他风味的最能体现其核心竞争力的一款，而且生产冰激凌的奶牛就在离店几十米的厂房里，就说新鲜不新鲜吧！

沼泽地农场中可看到典型的英国村舍石工建筑。这些石工建筑使用木制的房梁屋顶，石质的墙体结构。1971年，现任农场主威尔（Will）先生的父母买下了的这片农场只有这些石工建筑和部分厂房。据说一开始条件十分简陋，需要一个移动的挤奶间来喂饱50个小牛犊。在冬日寒冷的清晨，光解冻管道就要耗费数小时。威尔勤劳的父母不仅成功地将牲口数量繁殖了一倍，还培养出了一个毕业于农业学校的儿子。威尔先生在农业学校时就痴迷于制作冰激凌，经常做出一些令同学朋友赞美的口味。当他毕业时回到家里的农场，发现农场已经被父母管理得井井有条，牛奶产量已经远远超过了市场需求，余下的牛奶不开发新的奶制品就会浪费。于是，威尔先生将专业与爱好完美地结合起来，开创了沼泽地冰激凌的时代。资金和时间的压力都考验着创业者们，但威尔先生和夫人达恩（Dawn）女士抗下了压力，他们利用全职工作后的业余时间开始制作并销售沼泽地冰激凌，冰激凌先是供应了巴斯当地的餐馆、酒吧、市场，而后在巴斯的泵房餐厅（Pump room）一炮而红，顾客的厚爱坚定了他们将沼泽地冰激凌事业做下去的信心。到今年，沼泽地农场已经开拓了40.47公顷的有机耕种土地，种植的有机作物包括小麦，大麦和燕麦以及草。饲养了250余头奶牛，出产的牛奶1/3都会被用于冰激凌生产。满容量时农场每小时能制作出2500升冰激凌。几乎30种不同口味的冰激凌都是在农场改建的牛舍里生产的，全部都是用奶牛生产的新鲜有机牛奶制成的。冰激凌的制作过程非常迅速，未来在农场可以买到在奶牛挤奶后24小时后出产的冰激凌[2]。

目前沼泽地农场宣布暂停农场的开放，主要是为了扩建现代化的冰激凌生产厂房，从卫星图片来看，新的厂房南向坡屋顶上铺设有太阳能电池板，说明农场的厂房建筑正朝着减碳与自给自足型建筑进化。南侧新建厂房的地基与柱网已经显现出来，看来生意蒸蒸日上的沼泽地冰激凌又要扩大规模了（图75、图76）。

后记

笔者每次开车出巴斯到高速公路前都会经过沼泽地农场，夏日炎炎之时总想进去吃冰激凌。在这个农场确实能看到兴趣、专业、勤奋是事业成功的保证。

参考文献

[1] Marshfield farm. Clotted Cream Ice Cream [EB/OL], [2023-11-12]. https://www. marshfield-icecream.co.uk/pages/our-range

[2] Marshfield farm. About Us [2023-11-12]. https://www.marshfield-ice-cream.co.uk/ pages/life-on-the-farm.

$$\frac{75}{76}$$

图75　鸟瞰沼泽地冰激凌农场（一）[2]

图76　鸟瞰沼泽地冰激凌农场（二）[2]

17

夜之守望者

—

守夜岗亭

这个建筑不是厕所，也不是报亭，是守夜岗亭（图77）。

现代人已经习惯了夜间照明。人造光源在电力普及之前是很奢侈的，不光奢侈，当时的人造光源照明照度与投射光域都十分有限。我们已经想象不到没有灯光的夜到底有多么黑暗。这种黑暗足以掩护某些罪恶的发生。因此，在13世纪的英国，黑暗所引发的焦虑催生了巡夜制度。巡夜制度是建立在宵禁的基础上的。古代宵禁执行时一般会在晚间某时刻响铃通知。铃响过后，没有充足的理由（如生孩子找医生，心脏病犯了）或许可文件，人是不允许出现在街道上的。违反宵禁的人即为疑犯，会被逮捕。守夜人便是在夜间执行宵禁的人。从1485年到1820年代，在还没有警察部队的时候，夜间伦敦街道的秩序是由教区的守夜人来维持的（图78）[1]。

77
—
78

图77 巴斯守夜人的岗亭
图78 乔治闪客笔下的守夜人[2]

守夜人的工作极其乏味。试想，有谁愿意在冰冷漆黑的夜里，钻进一个局促简陋的岗亭里，心慌慌地盯着黑漆漆的街道，等着那些本不该出现，一旦出现就会惹大麻烦的人？守夜人往往素质参差不齐，装备简陋。很多守夜人晚间只会在岗亭里睡大觉。因此，守夜人的名声并不好，因为他们并不能有效阻止夜间的犯罪。庇护守夜人的小岗亭有木质的，有石磊的。有些木质岗亭可以移动。无聊的坏小子们会掀翻木质岗亭，然后以看里边惊醒的守夜人一脸惊恐的表情为乐（图79）。

图79　被推倒的守夜人[3]

直到维多利亚时期的英国首相罗伯斯·皮尔爵士在伦敦创立了现代警察部队，守夜人才渐渐被取代[4]。

由于比较注重古建筑的保护，英国现在依然保留了很多守夜岗亭，这些岗亭大多是近三百年的老古董。巴斯就有至少两个，而且还都是巴斯石砌成的（图80、图81）。谁让这里盛产这种建筑材料呢。关键是，石头做的，踢不动，翻不倒……

后记

漆黑的夜晚、冰冷的温度、局促的空间，守夜人的工作环境是相当恶劣的。

参考文献

[1] Clive E. Crime and Society in England 1750-1900 [M]. 4th edition. London: Pearson Education, 2010.

[2] Cruikshank G, Police Watchman, Alex Morrison [EB/OL], [2023-11-22]. http://www.alexmorrison.org/journal_58.html

[3] Jean Manco,The Hub of the Circus: The history of the streetscape of the Circus[R]. Bath: Bath and North East Somerset Council. 2004.

[4] Reynolds, Elaine A, Before the Bobbies - The Night Watch and Police Reform in Metropolitan London, 1720-1830 [M]. Swansea: Macmillan Press, 1998.

WATCHMAN'S
SENTRY BOX

c1810 GRADE II
RESTORED 2012

图80　守夜人岗亭现状

图81　被列为二级历史保护
　　　建筑的守夜人岗亭

18

低碳捷径

—

最长的自行车隧道

工业革命最具代表性的符号就是蒸汽机车及其铁路线了。技术革命相伴产生的艺术涟漪还催生了蒸汽朋克这一独具味道的艺术表现形式。而当工业革命落幕，工业化导致的污染与环境破坏也被越来越倡导环保的新世纪民众所解决。"环保问题解决后留下的工业遗址应该何去何从？"有时也是建筑与城市规划者所面临的新的挑战。巴斯的双隧道自行车绿道（Two-tunnels）为应对挑战提供了一个绝佳的解决方案。

双隧道是在1966年关闭的旧萨默塞特和德文郡铁路隧道的基础上改建而成。德文郡铁路隧道（Devonshire Tunnel）长408米，而萨默塞特郡的康姆当隧道（Combe Down Tunnel）隧道长度达到了1672米，改造前它只是一个普普通通的铁路隧道，改造后这个隧道成了英国最长的自行车车道兼人行步道（图82）[1]。

1966年3月，这条铁路线关闭以来，曾经有不少团体为了这个工业遗址的再利用出谋划策。1974年，巴斯市议会购买了康姆当隧道以北的线路，并将德文郡隧道以北路段改建为"线性公园"。康姆当隧道南门至德文郡隧道以南再到歪篓（Wellow）的整个路线其实已经废弃，这里边就包括一英里多的康姆当隧道。这条路那时成了非正式人行道，只有零星探险者进入。没有维护的隧道与山路其实是很危险的，尤其康姆当隧道南出口附近塔克英米尔（Tucking Mill）高架桥的结构稳定性很差，极易遭到破坏。此桥现在在道路两端都安装了砌块墙进行了加固。后来，旧线路的资产被英国铁路公司出售，威塞克斯水务公司（Wessex water）买下并封存了康姆当隧道。德文郡隧道北门入口就在巴斯的奥德菲

图82　双隧道自行车绿道[1]

尔德公园（Oldfield park）居民区中。解封前当地人对旧线路的了解很少，直到21世纪，人们仍然认为线性公园被封存的部分是一个采石矿场的入口，原来是铁路线的历史逐渐被人淡忘。2005年，马克·安纳德（Mark Annand）厌倦了翻越康姆当（Combe Down）山，同时他也意识到这条明明可以成为捷径的封存线路的剩余结构正在老化，如果彻底荒废，实在是太可惜了。那时，巴斯发起了自行车运动（Bath Cycling Campaign）来唤醒大众绿色低碳出行。在一次自行车运动的会议上，马克·安纳德谈到了这条封存线路。为了向每个人展示这条封存线路的发展潜力，他们安排了一次探险骑行。弗兰克·汤普森（Frank Tompson）决定与马克一起发起倡议：将封存线路重新开发成慢行交通廊道。该倡议在2006年初建立了专门的网站用于宣传他们的理念。到了当年2月，一群忠实的支持者在"乌鸦"酒吧集会，成立了一个委员会，准备采取实质措施推动倡议成为现实。2月底，随着旧铁路关闭40周年纪念日的临近，委员会举行了一次现场会议，地方当局领导人、道路慈善机构可持续交通（Sustrans）的首席执行官和威塞克斯水务公司的一名代表参加了这次现场会议。各方都对慢行交通廊道的潜力表示极度的认可。可持续交通（Sustrans）当即表态能够帮助筹集资金，但前提是他们需要启动一个名为"连接2"（Connect2）的彩票资金。2006年3月4日，在旧铁路关闭40周年纪念日当天，委员会收集了近700人的签名，他们都支持这两条隧道路线重新开发成慢行交通廊道。这些签名构成了这场倡议的基石。可持续交通彩票项目竞标的成功，使他们承担了大部分开发费用。8年后，双隧道自行车绿道于2013年4月4日开通[2]。

双隧道自行车绿道拆除钢轨后使用沥青路面对原铁路线区域进行铺装。隧道的拱形墙面用砖石进行了加固，并安装了照明装置。隧道内部还间隔安装了一种有名为"通过"的互动艺术装置。有人或动物通过时会触发传感器启动声光效果，让隧道的骑行更加神秘独特[3]。

　　如今，从歪篓（Wellow）到巴斯市中心如果开汽车，走任何一条公路也要超过25分钟。而步行穿过双隧道自行车绿道仅需93分钟。有研究表明骑车是步行速度的4～10倍[4, 5]，也就是说，9～25分钟内就有可能完成从歪篓到巴斯的穿越，效率高且零排放（图83～图86）。

　　双隧道自行车绿道的开通不仅是一个像童话一样的温馨故事，更是整个工业遗址再利用的典范。当地政府、民众、开发商、原业主几方开阔思路、紧密配合、相互支持，都为了一个既有利于环保又有利于工业遗产再利用的倡议而努力。最终，造就了这条传奇般的慢行交通廊道的诞生。

图83　开车与徒步的路线区别[6]

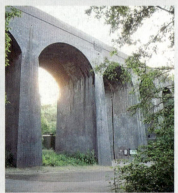

84 | 85
   | 86

图84　隧道内部照片

图85　隧道入口

图86　加固后的塔克英米尔高架桥

后记

笔者曾经痴迷于英格兰的自行车专用道骑行，直到现在还在进行相关方向的研究与教学，骑过了很多专用道，这条双隧道自行车专用道仍然令人难以忘怀。

参考文献

[1] Bath and North Somerset council. Two tunnels greenway [EB/OL], [2023-11-25]. https://www.bathnes.gov.uk/sites/default/files/two-tunnels_route.pdf

[2] Two Tunnels Group. The Campaign for the Two Tunnels Greenway [EB/OL], [2023-11-25]. https://www.twotunnels.org.uk/campaign.html

[3] Two Tunnels Group. Combe Down Tunnel Artwork: 'Passage' [EB/OL], [2023-11-25]. https://www.twotunnels.org.uk/passage.html

[4] 李春元，王志强. 郊野型自行车道运行速度模型建立及应用研究[J]. 公路，2019，64（06）：143-147.

[5] 马云龙，熊辉，蒋晓蓓，李振山. 行人特性对步行行为影响分析[J]. 交通与运输（学术版），2009，（01）：98-101.

[6] Microsoft. Wellow, England, UK to Abbey Hotel B [EB/OL], [2023-11-25]. https://cn.bing.com/maps/directions/

19

雅芳碧波
—
巴斯水道

　　当有河流经过城市时，这个城市往往会体现出与众不同的灵性。伦敦有泰晤士河，巴黎有塞纳河、柏林有施普雷河、北京的水系也十分丰富，有潮白河、北运河、永定河、大清河和蓟运河五大水系。巴斯有灵秀的雅芳河（Avon river）穿城而过，为这所古城添上了一抹绚丽的风采（图87）。

　　流经巴斯的这条雅芳河其实是英国8大雅芳河中的一条。Avon这个词来自古凯尔特语的一脉布莱顿语，意思也是河流的意思。与那条流经莎士比亚故居的雅芳河不同，流经巴斯的这条雅芳河源头是老搜德波里（Old Sodbury），绵延112公里，穿越格洛斯特郡、威尔特郡和萨默塞特郡，最后在布里斯托入海[1]。

　　雅芳河流入巴斯时画出了一条优雅的V字形。在市中心，华丽的普尔特尼桥（Pulteney Bridge）横跨于雅芳河上与河上的三道堰相映成趣。普尔特尼桥是英国的一级历史保护建筑，由罗伯特·亚当（Robert Adam）设计，18世纪70年代完工。此桥由富有的普尔特尼家族的继承人弗朗西

图87　肯特——雅芳运河上的窄船

斯·普尔特尼（Frances Pulteney）和她的丈夫威廉·约翰斯通·普尔特尼（William Johnstone Pulteney）共同出资修建。修桥就是为了将市中心与巴斯维克区域连接起来，而不是每次过河都要坐渡轮。普尔特尼桥体现出典型的乔治亚时期的帕拉迪奥风格。这座桥由三个拱门组成，每个拱门的顶部都有一个女性雕像。这座桥的桥面道路两侧设计有很多商铺，这些商铺一开始的招商并不是很成功，但是后来随着巴斯的蓬勃发展，商铺不但供不应求，而且入住的业主想尽方法加盖违章建筑以扩大使用面积，一度使得普尔特尼桥丧失了原有的风貌，后来在政府的干预下才进行了拆除调整。而今如果从水流方向看普尔特尼桥北侧仍然可以找到一些有趣的木结构违章建筑扩张的痕迹，只不过这些违章建筑也是古老到受保护的违章建筑[2]。

普尔特尼桥南侧的三道V形堰不但为桥前的水面创造出了美妙的叠水效果，在水利功能上还具有稳定水流、净化河道、分离交通的作用（图88、图89）。当地人用浆板、皮艇可以划过三道堰，而动力船舶是不允许通过的。巴斯1603年的地图上，在这个位置就出现过堰的结构，当时是为了服务于岸边的磨坊水车的。现在这个堰的形式是20世纪70年代重新设计建造的。堰后稳定的宽阔水面为从南侧驶来的船舶提供了友好的停泊条件，而从北向过来的船舶则无法通行[3]。

雅芳河从源头流经巴斯时和泰晤士河支流肯特河由运河河道相连。这样就能使布里斯托到巴斯再到伦敦的内河航运打通。所以在巴斯段的水系主要由雅芳河航道、肯特——雅芳运河组成。

图88 普尔特尼桥与堰[4]

图89 普尔特尼桥下的三层堰产生的叠水效果

1724年，肯特河从雷丁到纽伯里航路通航。到1727年，船只就可以到达巴斯了。在这之前的数百年里，如何将肯特河和雅芳河连接起来一直是航运爱好者们津津乐道的话题。但直到1794年，英国国会才确定通过了戴维茨（Devizes）路线法案，现在戴维茨有令人叹为观止的29座连续船闸。肯特—雅芳运河于1810年竣工。但是，运河行船的运输量一直不大，导致运河的运营一直成亏损状态。尤其在英国大西部铁路建成后，货运走铁路更多一些。所以大西部铁路公司曾企图将河道买下改建成铁路。不过这个如意算盘可能是被政府识破了，最终大西部铁路确实买下了河道，但是政府不允许改建成铁路，必须维持河道，这样铁路公司不仅没有建成铁路，还得负担河道的维护费用，偷鸡不成蚀把米。可想而知，之后大西部铁路公司对肯特—雅芳河道的维护也是时有时无，最终在20世纪60年代运河河道彻底失修，部分航段停航。这是水道爱好者和河道附近的居民不能忍受的。他们很快成立了肯尼特—雅芳运河信托基金会。大批志愿者通过辛勤工作和奉献，竟然恢复了运河昔日的辉煌。1990年，女王伊丽莎白二世正式宣布重启运河，并引入2500万英镑的彩票基金用于运河的建筑遗产保护，运河从此变得越来越稳固。修复工作与运河边资源的开发有机地协同开展起来，船舶的通航服务与河道沿岸的生态环境保护都得到了很好的发展[5]。

肯特—雅芳运河是人工建设的水道，有很多有趣的水利建筑与设施，这其中尤以船闸和渡槽给人印象颇为深刻。船闸主要解决的是河道前后出现高于船体通过的安全落差时，如何让船舶通过的问题。具体操作是，当船行至落差水段时，此时相邻的一对水闸首先关闭，然后通过打开蓄水阀或排水阀的方式将闸室内落差水段的水位调整与航行方向的水位一致。此时，用木制的平衡梁将船头方向水闸开启，船船驶入闸室后将水闸关闭。此后，再通过排水阀或蓄水阀将水位调整至与航行方向河道段的水位一致。这时就可以打开船头方向闸门，船船就完成了落差转换行驶。在巴斯，有全英国第二落差的巴斯深闸（Bath deep lock），落差高达5.92米，比两层楼还高（图90）[6]。在距离巴斯30分钟车程的戴维茨，那里的卡奈山（Caen Hill）赫然坐落着29座连续船闸，高72.27米，绵延超过3.22公里。不仅是水利工程爱好者必去观摩的圣地，也是航行者要征服的巨大挑战。由于这些船闸的排水阀或者蓄水阀需要L形摇把旋转齿轮带动阀门上的齿条手动开启，外加配合开关船闸的平衡梁，要通过29座连续船闸绝对是对航行者心理和生理的极限挑战（图91）。

　　渡槽是一类非常特殊的水利建筑，是专门用于输送水流跨越河流、溪水、谷地等区域的架空水槽，大型渡槽可用于航运。渡槽在与河流交汇时能展现出河上河的效果。雅芳悬崖渡槽（Avoncliff Aqueduct）就是其中最具代表性的渡槽。这个渡槽是在册的国家二级遗产保护建筑，由建筑师约翰·雷尼（John Rennie）设计。渡槽底部跨越雅芳河的结构是由一个跨度为18米的中央大拱和左右对称的两个跨度为10米的小拱组成的三拱桥结构。渡槽总长度约100米，宽度18米。渡槽将运河水位相比槽下的雅芳河水位抬升了至少9米。建筑大量使用了巴斯石，石材均采用V形连接。拱肩和翼墙由石灰质砖石和岩石饰面砌块交替建造。优美的八字形扶壁顶部是科林斯式柱顶，不过这不是罗马时期的复制品，而是雷尼自己设计的简化版。桥台的墙面刻有吸引人的凹面，200多年前在渡槽上工作的石匠们留下的痕迹清晰可见（图92、图93）[7]。

图90　巴斯深闸（Bath deep lock）[8]

图91　卡奈山（Caen Hill）的连续船闸[9]

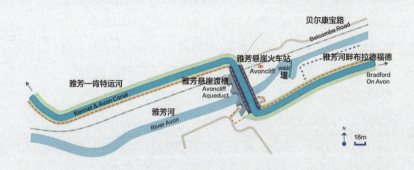

图92 肯特—雅芳运河经由雅芳悬崖渡槽跨越雅芳河

图93 雅芳悬崖渡槽上通过的窄船[10]

在运河上通航最常见的就是窄船（Narrowboat）了。窄船型如其名，确实宽度很窄。现代窄船的宽度都被限定在了2.08米，旧船最宽能达到2.17米。肯特—雅芳运河最窄处的宽度是4.3米左右，刚好能够容纳2艘现代窄船对向通过。英国内河航运主要水道网中最短船闸的闸室是17米[11]。因此，现代窄船的长度往往会小于这个值，否则会卡在船闸，无法通行。窄船虽然窄小细长，但是舱体内功能却很丰富，卧室、餐厅、厨房、厕所、浴室全部都能放进去。因此，驾驶窄船航行于运河之上能保证很好的舒适性，很多当地人也会住在窄船上一段时间，他们带上几辆自行车，衣食住行全能解决。窄船的驾驶也十分简单，启动以后只要操纵速度挡杆和舵就行了，行驶速度不可以超过6~10千米每小时。在巴斯窄船公司这样的码头可以租到窄船，组团租赁能以实惠的价格享受荡舟一天的乐趣（图94、图95）。

后记

笔者毕业典礼的前一天曾与同窗、家人合伙租了条窄船荡舟于肯特—雅芳运河之上（图96），看着眼前的美景，想着翌日的典礼，挂念着远方的亲人一时百感交集，写下了一首五绝：

今日碧水分，

明朝红袍身，

妻女亲朋伴，

还思慈严恩。

94
—
95

图94　静谧的肯特—雅芳运河

图95　肯特—雅芳运河停泊的窄船

图96 笔者毕业典礼前夕

参考文献

[1] Knoji. The Eight River Avons of Britain [EB/OL], [2023-11-27]. https://knoji. com/article/the-eight-river-avons-of-britain/

[2] Manco J. Bath Past went online. Pulteney Bridge [EB/OL], [2023-11-28]. https:// www.buildinghistory.org/bath/georgian/pulteney-bridge.shtml

[3] Stamataki I, Kjeldsen TR. Reconstructing the peak flow of historical flood events using a hydraulic model: The city of Bath, United Kingdom. J Flood Risk Management[J]. 2021

[4] Hughes R. Pulteney Bridge & Weir Bath [EB/OL], [2023-11-28]. https://www. geograph.org.uk/photo/5610563

[5] Canal & River Trust Kennet & Avon Canal [EB/OL], [2023-11-29]. https:// canalrivertrust.org.uk/canals-and-rivers/kennet-and-avon-canal

[6] Pennine Waterways. Deepest Canal Locks in England and Wales[EB/OL], [2023-11-29]. http://www.penninewaterways.co.uk/locks.htm

[7] Owens V. The Life and Works of John Rennie (7 June 1761-4 October 1821) [EB/OL], [2023-11-29]. https://rbt.org.uk/john-rennie/projects/john-rennies-dundas-and-avoncliff-aqueducts/

[8] Terre P. Bath Deep Lock, Kennet and Avon Canal [EB/OL], [2023-11-29]. https:// www

[9] Gerrard S. Caen Hill Locks, Devizes [EB/OL], [2023-11-29]. https://www. geograph.org.uk/photo/6696091

[10] Stowell D Avoncliff [EB/OL], [2023-11-29]. https://www.geograph.org.uk/photo/3648

[11] Living on a narrowboat. Narrowboats-A Brief History [EB/OL], [2023-11-29]. https://livingonanarrowboat.co.uk/narrowboats/#:~:text=In%20 the%20context%20of%20British%20Inland%20Waterways%2C%20 %E2%80%9Cnarrow,a%20minimum%20width%20of%207%20feet%20 %282.1%20m%29%29.

20

出入皆风景

—

巴斯火车站

　　巴斯是一座小城。这个小城的火车站也很小，小到只有一对站台，一出一进。1840年，英国工程师布鲁奈尔在修建大西部铁路（GWR Great Western Railway）的时规划了巴斯站。1949年，巴斯火车站更名为巴斯泉火车站，以区别当时另一座火车站——巴斯绿色公园火车站。而巴斯绿色公园火车站已经废除，只留下了一个车站顶棚在一家大超市门口。巴斯泉火车站坐落于雅芳河北岸，雅芳河绕着火车站呈现出一个近90°转角的变向。西部铁路两次穿越雅芳河的中点就是巴斯泉火车站。巴斯泉火车站是不对称的都铎式建筑风格，属于二级保护建筑。

　　笔者由于缺失了巴斯泉火车站的照片，便向定居在巴斯的老师、朋友求取照片，得到的照片突然觉得那里不对，后来才发现中央屋顶山墙和大钟全没有了（图97、图98）。由于山墙存在安全隐患，2022年山墙就被暂时拆除，并进行进一步修复，直到安全隐患被排除，山墙和车站大钟才会重新回归巴斯泉火车站。巴斯泉火车站山墙上的大钟是莱斯特绅

97
/
98

图97　有山墙和钟的车站

图98　拆除了中央山墙和钟的车站

士（Gents of Leicester）公司1931年制造的Gent Pulsynetic型号电脉冲钟。这种钟自从1903年发明出来以后一直应用在铁路系统。它的特点是可以通过电报系统，接收格林威治标准时间信号，进行校正[1]。

巴斯泉火车站的正面是出租车揽客区和行人出入口。沿着铁路桥桥洞绕到火车站背面则是私家车暂时停靠区和另一组出入口。出入口都设有悬挑的雨棚。车站还规划了一些自行车停车位，以便自行车通勤者停靠（图99）。

车站的双向站台原来是由跨度更大的悬臂锤梁结构顶棚覆盖。1897年由于站台需要延长扩建，这种大跨度的顶棚，被分别覆盖南北两侧站台的钢结构悬臂桁架顶棚所替代。顶棚中部区域有用于通风采光的天窗，增大了顶棚的通透性（图100）[2]。

图99　巴斯火车站背面

图100　巴斯火车站站台

车站背面这组出入口通向横跨雅芳河的人行天桥，方便乘客前往巴斯的韦德科姆（Widcombe）区域。这座天桥叫作半便士桥，是按当年桥下渡轮票价命名的（图101）。目前的半便士桥是1877年由来自伦敦的建造商建成的。原来这个位置有一条140多年历史的木制人行桥，可惜在当年由于超载发生了垮塌，制造了一起10人丧生70人受伤的大惨剧[3]。

车站正面出入口连通曼维斯街（Manvers）和多切斯特街（Dorchester）。两条街一纵一横，一个通往巴斯市中心，另一个通往巴斯汽车站，无论公交步行均十分方便。

巴斯泉火车站向东就是斯文顿、伦敦方向，向西可达布里斯托、卡迪夫、斯旺西等大城市。列车历经了蒸汽机车到内燃机车的进化，不过到现在巴斯泉站还没有高速铁路的规划。可能是因为来这里的旅客都想慢下来吧。在2014年夏，蒸汽机车托贝快车（Torbay express）停靠在巴斯[4]。这条线路于2014年夏天首次运行，当时布里斯托尔和汤顿之间的工程使这条本不会经过巴斯的蒸汽机车来到了巴斯，结果没想到当机车喷吐着白白的蒸汽跨过古老石桥的时候，大家都停下了脚步纷纷掏出手机留念，时间仿佛又退回了维多利亚时期，好像大家又找到了蒸汽朋克的灵魂之源（图102）。

后记

学生时代，我经常坐火车去布里斯托，十几分钟就能把我从古城带去海港。在那里，街道墙面上能欣赏到伟大而神秘的涂鸦画作者——班克西的很多作品。上班后，每日我都在巴斯与卡迪夫之间通勤，搬着我的自行车上下火车，火车车厢允许有特定的空间存放自行车，这样极大地鼓励了低碳出行。有一次我下班回

$$\frac{101}{102}$$

图101　半便士桥[5]

图102　蒸汽火车驶离巴斯泉火车站

家，西南英格兰和威尔士下了史无前例的一场暴风雪，我虽然幸运地赶上了火车系统停止运营前的最后一班车次。可是，暴雪最终压垮了信号线路，导致大量机车由于没有信号堵在了布里斯托车站，原本十几分钟的路，我走了几个小时才到家。大雪茫茫，当我回家经过铁路眺望车站的时候，我觉得一个时代已经渐渐远去了。

参考文献

[1] Bath Newseum. That station clock [EB/OL], [2023-11-29]. https://bath-newseum. com/2022/08/19/that-station-clock/

[2] National Transport Trust. Bath Spa Station [EB/OL], [2023-11-29]. https://www. nationaltransporttrust.org.uk/heritage-sites/heritage-detail/bath-spa-station-and-railway-approaches

[3] Linham L. The Widcombe Suspension Bridge disaster that saw more than 100 people plunge into the River Avon [2023-11-29]. https://www.somerset-live.co.uk/ news/somerset-news/widcombe-suspension-bridge-disaster-saw-1677503

[4] Petherick S. Spectacular steam-hauled train the Torbay Express to pass through Bath Spa railway station [2023-11-29]. Spectacular steam-hauled train the Torbay Express to pass through Bath Spa railway station - Bath Chronicle.

[5] Terre P.. Halfpenny Bridge, River Avon, Bath [EB/OL], [2023-11-29]. Halfpenny Bridge, River Avon, Bath © Pierre Terre :: Geograph Britain and Ireland.

致　谢

　　本书的出版要感谢北方工业大学建筑与艺术学院的大力支持，感谢张勃院长的大力支持，感谢为我提供帮助的同事老师。

　　特别感谢中国电力出版社的王倩编辑对本书出版的支持与帮助。

　　本书的图片获得了邓玉峰老师、臧军老师、王程、柳奇男、宫成的大力支持，特此郑重鸣谢。

　　感谢家人挚友们在我成稿阶段的理解与帮助。